LAGOM

LAGOM

라곰 : 스웨덴 사람들의 균형 있는 삶의 행복

페이퍼가든

라곰 : 스웨덴 사람들의 균형 있는 삶의 행복

초판 1쇄 펴낸날 2017년 12월 10일
글 리니아 듄 | 옮김 김혜정
펴낸이 심준엽 | 편집 신유미 | 디자인 MO/RO
펴낸곳 페이퍼가든 | 출판등록 2017년 5월 25일(제2017-000029호)
주소 서울시 양천구 목동서로 280 1층 106호 | 전화 070.7310.8808

LAGOM THE SWEDISH ART OF BALANCED LIVING
First published in United Kingdom in 2017 by Gaia,
an imprint of Octopus Publishing Group
Carmelite House, 50 Victoria Embankment London, EC4Y 0DZ
Text Copyright © Linnea Dunne 2017
Copyright © Octopus Publishing Group Ltd 2017
All rights reserved.
Linnea Dunne asserts his moral right to be identified
as the author of this work.
Korean translation copyright © Paper Garden 2018
This edition is published by arrangement with
Octopus Publishing Group Ltd through Kids Mind Agency, Korea.

이 책의 한국어판 저작권은 키즈마인드 에이전시를 통해
Octopus Publishing Group Ltd.와 독점 계약한 페이퍼가든에 있습니다.
신 저작권법에 의해 한국 내에서 보호를 받는 저작물이므로 무단전재와 복제를 금합니다.

ISBN 979-11-961560-2-2(02320)

이 책의 내용 일부 또는 전부를 재사용하려면
반드시 저작권자와 페이퍼가든의 동의를 얻어야 합니다.
• 잘못된 책은 구입하신 서점에서 바꿔 드립니다.
• 정가는 뒤표지에 있습니다.

국립중앙도서관 출판예정도서목록(CIP)

라곰 : 스웨덴 사람들의 균형 있는 삶의 행복 / 저자명 : 리
니아 듄 ; 번역자 : 김혜정. --[서울] : 페이퍼가든, 2017
    p. ; cm
원표제 : Lagom : the Swedish art of balanced living
원저자명 : Linnea Dunne
참고문헌과 색인수록
영어 원작을 한국어로 번역
ISBN 979-11-961560-2-2 02300 : ₩14000

생활 양식 [生活樣式]

591-KDC6
640-DDC23   CIP2017022764

차 례

들어가는 말

라곰이란 대체 무엇일까? 그리고 왜 중요할까?
라곰이 중요하다면, 우리 삶에는 어떻게 적용할 수
있을까? 바이킹으로부터 축구 선수 즐라탄
그리고 뜻밖의 라곰 지지자들에 이르기까지,
잘못 알려진 사실들을 바로잡고 우리의 삶을
라곰화하기 위한 준비를 시작하자.

" 합의가 곧
최고의 원칙이며 모두가
협력하는 나라."

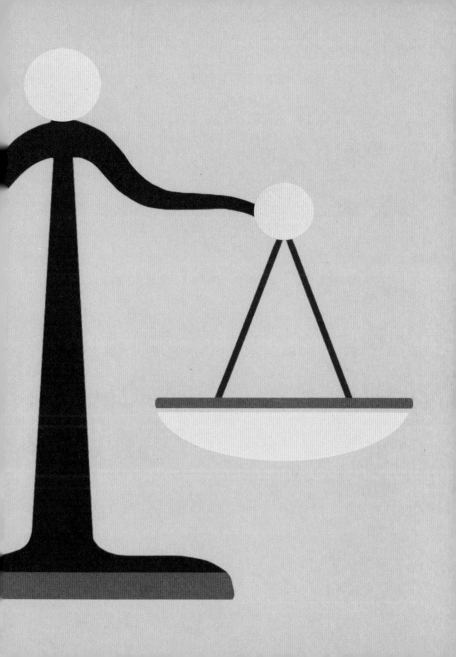

라곰(LAGOM)이란 무엇인가?
– 바이킹, 균형 그리고 저지방 우유에 대해

1996년 스웨덴은 라곰이라는 새로운 별명을 얻게 되었다. 스웨덴 소설가 요나스 가델(Jonas Gardell)은 자신의 스탠드업 쇼에서 스웨덴을 '저지방 우유의 국가, 균형을 찬양하고 공정성을 받드는 나라, 합의가 곧 최고의 원칙이며 모두가 협력하는 나라'라고 말했다. 그는 흰 벽과 실용주의적 디자인을 사랑하고, 저지방 우유가 최선이라고 생각하는, 그래서 너무 마르지도 뚱뚱하지도 않은 사람들의 나라 스웨덴의 특징을 라곰이라 규정했다.

라곰은 한마디로 '너무 적지도 너무 많지도 않은 적당함'이라고 말할 수 있다. 라곰은 '팀의 모두에게'라는 의미의 바이킹 언어인 라겟 옴(laget om)에서 파생되었으며, 술잔을 돌려 모든 이가 충분히 목을 축이도록 하는 관습에서 유래되었다고 알려져 있다. 그러나 좀 더 정확한 라곰의 어원은 상식적인 "법칙"을 뜻하는 단어, 라그(lag)의 옛말이라 할 수 있다.

라곰(lagom)의 법칙

그렇다면 라곰의 법칙은 무엇일까? 간단히 말하면 "아주 적당한" 혹은 "딱 맞는" 것이다. 이는 커피에 타는 적정량의 우유 혹은 적절한 마사지의 압력처럼 매우 주관적일 수 있다. 그리고 이것은 물질의 세계 이면의 시선으로 바라보면 훨씬 복잡해진다. 이때에는 완벽한 균형과 다양한 사회적 규범의 범위가 필요하기 때문이다. 자신의 집에서 주말을 함께 보내자는 친구의 초대에 기쁘게 응하되, 공평하게 빨랫감을 나누기 위해 자신의 침대 시트를 가지고 가는 것이 라곰이라 할 수 있다. 아픈 아이를 돌보기 위해 유급 휴가로 집에서 쉬되, 결코 그 권리를 남용하지 않는 것 또한 라곰이다.

라곰은 남들이 부러워하는 멋진 차가 아닌 실용적인 차를 사는 것, 방 전체를 페인트칠하기보다는 한쪽 벽면만 페인트칠하고 나머지 벽은 흰색으로 놔두는 것이라 할 수 있다. 새빨간 립스틱을 바를 때 나머지 메이크업은 완벽하게 절제하는 것, 햄버거를 먹을 때 감자튀김은 시키지 않는 것도 라곰이다. 적당함이 바로 라곰이 추구하는 미덕이기 때문이다. 라곰으로 살아가는 데 있어 낭비는 크나큰 죄이기 때문에 남은 음식만으로 아주 새로운 저녁거리를 만들어 내는 것 또한 라곰이라 할 수 있다.

법칙 실행하기

우리가 그림엽서 속에서 만나는 스웨덴의 모습은 보기만 해도 차분해질 만큼 세련된 최소한의 미니멀리스트 인테리어와 널찍한 실내 공간이 특징이다. 라곰은 그런 공간, 곧 잡동사니를 정리하고 간소화한, 편견과 겉치레를 없앤 솔직한 공간을 중시한다. 더 큰 맥락에서 보았을 때 라곰이 추구하는 균형과 조화는 정서적인 건강과 실내장식을 넘어서서, 단지 어울리는 데서 그치지 않고 위대한 전체의 일부로서의 소속감과 공동의 책임에 대한 의식이다. 이웃과의 관계, 공동의 공간을 돌보는 것, 스터디 서클과 (122쪽 참조) 장려금 지원을 받고 있는 문화 학교를 (음악과 문화 수업을 위한 교육기관) 후원하기 위해 세금을 납부하는 것에 동의하는 것이다.

세계경제포럼(World Economic Forum)은 최근 스웨덴이 넉넉한 보육 지원과 이례적으로 낮은 부패 수준 등 거의 모든 분야에서 다른 국가들을 제치고 전 세계 사람들에게 선망의 대상이 될 만한 사회복지를 이루어 냈다고 발표했다. 이는 저지방 우유의 국가 스웨덴이 자국민을 보호하는 동시에 그들을 자유롭게 하는 능숙한 균형잡기로 이루어 낸 성과라고 할 수 있다.

라곰과 나
– 얀테의 법칙, 통념 깨기 그리고 라곰식 행복하기

나는 스웨덴에서 태어나 자랐다. 하지만 모험을 아주 좋아하는 데다 세상에 대한 호기심이 풍부해서 19세의 나이에 아일랜드의 더블린으로 떠났다. 그런데 스웨덴과 아일랜드의 차이는 그야말로 드라마틱했고, 나는 "적당함"에 신경 쓰는 대신 즉흥적인 재미를 추구하는 아일랜드 문화에 흠뻑 빠졌다. 그리고 그곳에서 살고 있는 다른 스웨덴 사람들과 함께 새로 발견한 자유와 모든 것을 너무 진지하게 받아들이지 않아도 된다는 안도감에 열광했다. 하지만 얼마 지나지 않아 임대주택 정책의 부재로 인한 극심한 문제들과 길거리에 잔뜩 쌓인 채 방치된 쓰레기들을 바라보며 절로 한탄하게 되었다.

여러분은 내가 라곰의 생활에 지쳐 아일랜드로 도망쳤다고 말할 수도 있을 테고, 엄격한 얀테의 법칙(Law of Jante)을 탓할 수도 있을 것이다. 얀테의 법칙은 덴마크의 작가 악셀 산데모제(Aksel Sandemose)가 1933년에 쓴 소설 〈도망자 그의 지난 발자취를 따라서 건너다 (A Fugitive Crosses His Tracks)〉에 나오는 10개항의 규칙인데, 타인에 대한 신뢰와 개개인을 존중하는 스칸디나비아 사람들의 행동 방식을 묘사한 것이다. 라곰이 때로 구속적이라고 비난받는 것은 이 얀테의 법칙과도 연관이 있을 것이다. 그러나 이러한 비난은 정당한 것일까? 그리고 그처럼 오래된 규칙이 21세기 스웨덴에서도 여전히 적용되고 있는 것일까?

라곰식 행복

나는 스웨덴 사람들의 행복 비결로 알려지며 새로이 떠오른 삶의 방식인 라곰의 개념을 처음 접했을 때, 솔직히 그다지 탐탁해하지 않았다. 라곰이 추구하는 균형과 조화의 원칙은 감탄할 만한 것이지만, 실제로 스웨덴과 그곳에서 살고 있는 사람들을 특별히 행복하게 만들고 있는가 하는 의문이 들었기 때문이다.

하지만 역설적이게도 나는 그때 이해하지 못했던 사실을 이제야 이해할 수 있을 것 같다. 스웨덴 사람들이 세상에서 가장 행복한 사람들은 아닐지 모르지만, 그들은 여러 행복 순위에서 꾸준히 10위 안에 랭크되고 있다. 마냥 행복하거나 도취되지 않고, 결코 뽐내는 것도 아닌 신중한 행복, 이것이 라곰식 행복이다. 그리고 바로 이 균형과 조화의 특성이야말로 지속 가능한 진정한 행복의 비결인 것 같다. 이는 몇몇 심리학책만 들여다보아도 곧바로 확인할 수 있다. (113~114쪽 참조)

통념 깨기

통념 : 라곰은 평범함을 찬양한다.

라곰은 개개인의 성과와 잉여 재산을 대수롭지 않게 여기는데, 이는 무엇보다 집단을 위한 일이 무엇인지, 그리고 어떻게 해야 그것을 잘하는지를 중요시하기 때문이다. 그러나 사실 라곰은 전 세계에서 가장 유명한 사회복지 시스템에 기여하는 기대 이상의 결과를 가져왔다.

통념 : 라곰은 순응을 강요하고 사고를 통제한다.

스웨덴 사람들은 자기 의견이 매우 강하고, 짜증 날 만큼 긴 토론에서도 침착함을 유지하며 기꺼이 몇 시간 동안이나 이성적으로 응한다. 하지만 이러한 토론의 궁극적인 목표는 논쟁 그 자체가 아니라 모두가 지지할 수 있는 결론에 도달하는 것에 있다. 이러한 방법은 비록 대중적이지는 않지만 라곰 사회에서는 매우 효율적으로 작용한다.

통념 : 라곰은 인색하다.

스웨덴의 오래된 만화 〈절약과 낭비(Spara
och Slösa)〉는 아이들에게 절약의 중요성을
가르친다. 이 만화는 1920년대 스웨덴의 한
은행이 의뢰해 제작되었다. 물론 "절약과 낭비"
라는 제목에 걸맞은 내용을 담고 있지만, 결코
인색함을 칭송하는 내용은 들어 있지 않다.
만화의 핵심은 낭비를 나무라는 것이다. 지나친
낭비와 흥청망청하게 쇼핑하는 행동에는
눈살을 찌푸리면서도 "최고의 테스트 제품"으로
선정된 세련된 전자 제품이 새로 출시되면 모든
이들이 새로운 유행에 적극 반응하며 독려한다.
심사숙고해서 산 물건이라면 상당한 비용이
들지라도 충분한 가치가 있는 일이라고 말이다.

통념 : 라곰은 자신감과 긍지를
달가워하지 않는다.

맨체스터 유나이티드(Manchester United)
의 포워드인 즐라탄 이브라히모비치(Zlatan
Ibrahimović)는 자신감과 긍지의 화신이자,
세계적으로 유명한 스웨덴의 영웅이다. 또한
언제 어디서나 이목을 끄는 스웨덴 소설가
요나스 가델(8쪽 참조)은 스톡홀름 프라이드
행진에서 "라곰은 많은 것들을 포용한다.
심지어 나 같은 상당한 괴짜조차도 문제없이
받아 준다."고 말한 바 있다.

왜 라곰을 받아들여야 할까?
– 라곰의 모든 혜택

새로운 사실

행복에 관한 연구에 따르면, 돈은 우리를 행복하게 해 주기는 하지만 돈만으로 행복하기에는 한계가 있다. 돈은 가난한 사람을 행복하게 해 줄 수는 있지만, 이미 넉넉한 사람에겐 돈이 더 있다고 해서 더 행복해지는 것은 아니기 때문이다. 그러니 라곰만큼의 돈이면 충분하다. 그만큼의 돈을 갖고 있다면 우리의 행복 수준은 이제 다른 요소들에 의해 결정된다.

"이 정도면 충분하다는 것을 알면서도 왜 더 가지려고만 하는가?"

물론, 라곰이 한때의 유행이라고 말할 수도 있다. 하지만 지금 세상의 수많은 사람들이 너무 많은 시간을 텔레비전 앞에서 보내고, 자신의 몸에 온갖 독소가 쌓였다고 느끼며, 자녀 혹은 손자와의 소중한 시간을 갖지 못한 것에 대해 후회하고 스트레스를 받으면서 균형이라는 덕목을 갈구하고 있다. 게다가 전 세계의 자원은 급속도로 고갈되고 있어 쓰레기를 최소화하는 것이야말로 가장 절박한 우선순위가 아닐 수 없다. 그럼에도 불구하고 우린 왜 이 정도면 충분하다는 것을 알면서도 더 가지려고만 하는가?

사실 라곰 효과는 지구온난화와 소셜 미디어, 밤낮 없는 노동으로 모두가 지쳐 가기 훨씬 이전부터 파장을 일으키고 있었다. 때로 가족의 유토피아라고도 묘사되는 스웨덴은 중산층이 넓고 복지가 강한 국가이다. 대다수의 국민이 평균 이상의 질 높은 삶을 누리고 무상교육에서부터 방대한 재활용 정책에 이르기까지 모든 것이 균형을 이루고 있다. 언제 어디서나 "적당함"을 추구하는 라곰이라는 주문은, 사회는 물론 우리 내면의 심리와 감성의 세계에도 도움이 된다. 라곰은 우리의 의식이 있는 그대로의 모습으로 변화하고 발전할 수 있는 충분한 공간을 주고, 자유를 허락하기 때문이다.

"낭비를 거부하고
공정함을 고집하는
라곰이야말로 스웨덴의 가장
중요한 성공 비결 가운데
하나이다."

라곰의 혜택

#1 : 물리적 공간

소비를 절제하면 정리 정돈이 쉬워지고, 집은 좀 더 편안히 쉬기에 좋은 장소가 된다. 당신도 미니멀리즘을 추구하는 스칸디나비아식 인테리어로 당신의 집을 계속 머물고 싶은 곳으로 만들 수 있다.

#2 : 정신적 공간

마음의 소용돌이를 멈추고 한 발 뒤로 물러나는 방법을 배우자. 좋은 경험은 물론 나쁜 경험까지도 모두 받아들이고 차분히 대처하다 보면 직장과 집에서 좀 더 집중적이고도 충실한 삶을 살 수 있다.

#3 : 재정 상태 개선

개인적인 욕구뿐 아니라 지구가 필요로 하는 것에 좀 더 관심을 기울이게 되면, 자원을 절약하고 돌보는 것을 배우는 동시에 소비가 줄어들게 된다.

#4 : 소속감

라곰적 사고방식은 이웃과의 관계 개선에서부터 사회의 공동 책임에 대한 신뢰에 이르기까지, 더 큰 무엇의 일부라는 소속감과 목적의식을 갖게 해 준다.

명확한 삶의 열쇠

잘 꾸며진 집, 건강한 식습관, 운동하기, 가족과 친구 및 이웃들과 시간 보내기, 직장에서의 성공, 여러 다양한 감정을 적절히 다스리면서도 가능한 한 늘 만족한 상태로 머물기, 그리고 이 모든 와중에도 끊임없이 환경에 대해 주의를 기울여야 하는 라곰이 어쩌면 지나치게 진을 빼는 고역처럼 여겨진다 해도 무리는 아닐 것이다. 그러나 사실 라곰의 궁극적인 목표는 덜 복잡하면서도 더 나은 삶을 만들자는 것이다.

라곰은 이쯤이면 충분하다고 생각될 때 "그만"이라고 말할 수 있으면서도, 단지 일시적인 즐거움을 유지하기 위해 임시변통의 엉성한 해결책을 내놓는 건 거부한다. 그리고 이러한 라곰식 접근 방법은 일을 제대로 이해하고 처리하는 것이 더 무난하다는 것을 의미한다. 우리가 힘을 모아 진정 중요한 것에 대처한다면 우리 모두가 승자가 될 수 있다.

스웨덴 사람들은 결코 타인의 생각을 비웃거나 대화를 차단시키지 않는다. 대신, 그들은 대부분 제대로 일하기를 원하며, 숨 쉴 만한 충분하고도 효율적인 공간을 제공하는 것을 중시한다. 낭비를 거부하고 공정함을 고집하는 라곰은 스웨덴 사람들의 성공 비결 가운데 가장 중요한 요소이기도 하다. 하찮은 것들이나 물질적 집착으로부터의 자유, 불필요한 노동시간으로부터의 해방에 이르기까지, 라곰은 우리 모두의 삶의 질을 높여 줄 수 있다. 스트레스 없고, 낭비하지 않으며, 저지방 우유의 나라에 어울리는 그러한 삶으로 말이다.

라곰 리빙:
일과 삶의 균형

스웨덴 사람들은 정말 모든 것을 가졌을까? 왜 남자 보모들이
많은 걸까? 스웨덴의 일과 평등 그리고 시나몬 번을 먹기에
가장 좋은 핑계인 "나만의" 시간을 들여다보자.

일과 삶의 조화
– 라곰 라이프스타일 들여다보기

새로운 사실

스웨덴 사람들은 피카(fika), 곧 티타임을 종교처럼 떠받든다. 전통적인 근무 여건이라면, 직원들은 점심시간 외에도 매일 아침과 오후에 15분간 반드시 필터에 내린 커피와 집에서 구운 페이스트리를 곁들인 피카를 즐긴다.

최고의 팁

수면연구가인 너새니얼 클라이트먼(Nathaniel Kleitman)이 수행했던 '하루보다 짧은 주기 (ultradian rhythm)'라는 바이오리듬에 관한 연구에 따르면, 90분마다 뇌를 쉬게 했을 때가 가장 효율적이다. 또 토론토 대학의 연구에 의하면 최적의 생산성을 위한 완벽한 공식은 52분 동안 일하고 17분간 휴식하는 것이라고 한다. 각자에게 맞는 방법을 찾아내 그 같은 휴식을 실천해 보자.

라곰은 루터파의 직업윤리와 강력한 노동조합이 존재하는 문화에서 태어난 까닭에 노동을 무척이나 진지하게 받아들인다. 그러나 정해진 시간만큼 휴식하는 것의 중요성 또한 마찬가지로 존중되고 있어서 대부분의 스웨덴 노동자들은 규정된 노동시간이 끝나는 순간 정시에 퇴근한다. 이미 여러 차례의 피카로 휴식을 취했음에도 말이다. (왼쪽 페이지와 36쪽 참조)

> "만약 당신이 제대로 하고 싶다면 라곰만큼의 시간을 들여야 한다."

고정관념 깨고 일하기

일에 대한 라곰의 접근 방식은 내가 스웨덴 직장에서 라곰에 익숙하지 않은 (즉, 스웨덴 사람이 아닌) 이들로부터 들었던 전형적인 시나리오를 예로 들어 간단히 설명할 수 있다. 새로 입사한 직원이 상사에게 "이 업무는 언제까지 처리해야 할까요?" 하고 물으면 대답은 항상 "완전하게 마무리될 때까지"였다. 당연하지 않은가? 이미 충분히 잘 처리한 업무에는 더 이상 시간을 낭비하지 말되, 만족스럽지 못한 경우에는 제대로 완성될 때까지 제출해서는 안 되는 것이다. 그러니 제대로 하려면, 라곰만큼의 시간을 들여야 한다.

라곰만큼의 시간이란 것이 실제로 얼마만큼의 시간을 의미하는 것인지에 대한 질문이나 그와 관련된 갈등이 없다는 사실은 아마도 스웨덴 특유의 합의 문화 내지 비수직적인 기업 조직과 관계가 있을 것이다. 관련자 모두가 아이디어를 제시하여 누구나 지지할 수 있는 결론에 도달하기까지, 누구든 자신의 견해를 주장하고 모든 것을 상세히 논의할 수 있다는 개념이 바로 푀란크링스프로세센 (*Förankringsprocessen*)이다. 여기서 "누구나"는 단지 중역 회의실에 앉아 있는 사람들만이 아닌 경영진으로부터 최근 졸업해 갓 입사한 신입 사원에 이르기까지 모두를 일컫는다. 어쩌면 그들 누구나가 혁신적인 견해를 제시할지도 모르는 일이니 말이다.

그럼에도 결과적으로 스웨덴 기업의 효율성이 매우 높은 것으로 랭크되고 있다는 사실은 놀랄 만한 일일지도 모른다. 스웨덴에서는 혹시 누군가가 어떤 업무를 끝냈는지 상대방에게 물어보는 것이 불편하게 하는 일이라고 생각하지 않는다. 마찬가지로, 퇴근 시간 20분 전에 훌쩍 퇴근하는 것 또한 전혀 문제가 되지 않는다. 당신의 상사를 비롯한 동료들은 단지 당신이 일을 끝내서 일찍 퇴근하는 것이라고 생각할 것이기 때문이다. 그렇지 않다면 퇴근할 리가 없을 테니까 말이다. 라곰으로 살아가는 데 있어 가장 중요한 것은 신뢰이다.

최고의 팁

정시에 퇴근하라. 최근의 연구 결과에 따르면, 정시에 퇴근하면 그만큼 더 행복해지고 생산적이게 된다.

새로운 사실

스웨덴 사람들은 OECD (경제협력개발기구) 연간 평균 노동시간인 1,776시간보다 적은 평균 1,644시간을 일한다. 그럼에도 불구하고 스웨덴은 전 세계 경쟁력 지수에서 6위에 랭크되었다.

라곰의 시간들

스웨덴에서는 전통적으로 여름 동안은 거의 일을
하지 않고 쉰다. 대부분의 직장인들이 적절한
여름휴가로 최소 4주 동안 휴식을 취한다. 이러한
전통에 의거해 사람들은 라곰식 일과 삶 사이의
균형을 추구할 수 있는 것이다. 또한 스웨덴에서는
부모들이 탄력적인 노동시간과 더불어 넉넉한
육아휴직을 가질 뿐 아니라, 아이가 태어난 뒤 첫
8년 동안은 근무 일수를 줄일 수 있는 권리를 갖는다.

그러나 이러한 여가 혜택이 없다 하더라도 사람들은
기꺼이 가족이나 친구와 함께 요리하고 저녁을 먹으며
하루 동안 있었던 일에 대해 서로 이야기하면서
즐거운 저녁 시간을 보내는 라곰의 생활을 만끽한다.
그리고 금요일이 되면 텔레비전 앞 소파에 편안히
앉아 픽-앤-믹스 타코 뷔페와 칩과 소스를 곁들인
최고의 컴포트 푸드(comfort food, 오랜 시간이
지난 뒤에도 예전의 행복한 기억과 기분을 느끼게
해 주는 음식)를 즐긴다. 스웨덴 특유의 프레닥스뮈스
(*fredagsmys*, 금요일과 아늑한의 합성어. 24쪽
참조), 다시 말해 전형적인 라곰 리빙 스타일이
펼쳐지는 것이다. 그렇다면 진정한 주말을 시작하는
이보다 더 좋은 방법이 있을까?

프레닥스뮈스(FREDAGSMYS)
– 사랑하는 이들과 같이하는 아늑한 시간

최고의 팁 #1

단순 명료한 것을 최선의 목표로 삼아라. 스웨덴 사람들은 부엌에서 무언가를 직접 만들어 먹는 것을 무척이나 좋아한다. 하지만 금요일이 되면 그들 또한 기꺼이 상점에서 구매한 소스 믹스와 타코 키트 그리고 봉지에 든 살사를 즐기기도 한다. 그 이유는 오직 하나, 자기 자신을 편하게 해 주기 위해서다.

최고의 팁 #2

아늑한 금요일, 그러니까 프레닥스뮈스를 진정 편안하게 만드는 방법은, 가장 좋아하는 평상복을 꺼내 입은 뒤 집에 준비해 두었던 향기 나는 장식용 작은 양초를 켜 긴장을 푸는 것이다.

편안한 금요일의 기분에 더해, 사랑하는 이들과의 아늑한 휴식을 마음껏 즐길 것을 강조하는 프레닥스뮈스는 스웨덴 문화에서는 종교적 원칙과도 비견되는 소중한 개념으로 대접받고 있다. (뮈스는 스웨덴어로 "아늑함"을 뜻하며 "휘게 hygge"보다도 상위개념이다.) 심지어 프레닥스뮈스를 찬양하는 유명한 광고 음악이 있을 정도이다. 당신도 지금 곧바로 편안한 트레이닝 바지로 갈아입고 바삭거리는 감자 칩을 먹으며 모든 긴장을 훌훌 털어 버리는 마음 편한 저녁 시간을 시작해 보라.

어떤 점이 라곰이라는 것일까?

우선, 라곰은 기분이 좋아지는 것이라면 무엇이든 좋다고 주장하면서도 건강하게 먹고 학교에서 돌아오면 일찌감치 잠자리에 들어야 하는 등의 모든 규칙 사이에서 적절히 균형을 잡아 준다. 실제로 프레닥스뮈스는 지나치게 과중한 노력이 요구되는 경우만 아니라면, 우리가 취하는 거의 모든 행동의 타당한 이유로 작용한다. 프레닥스뮈스의 관점에서는 즉석식품을 먹는다고 걱정할 필요도 없고, 사고를 마비시킨다거나 지나치게 천박한 텔레비전 쇼를 본다고 비난받을 이유도 없다. 당신이 편안하게 느끼고 걱정하지 않는다면 아무런 문제가 되지 않는 것이다.

프레닥스뮈스 스타일 타코

– 소파에서 즐기는 만찬을 위한 단계별 가이드

피코 데 가요 샐러드, 프리홀레스 네그로스 수프, 치포레이 소스는 잊어라. 프레닥스뮈스 스타일 타코는 정통이나 진짜 따위와는 거리가 먼, 그저 간단하고 편안한 먹거리일 뿐이다. 그럼 이제부터 여유롭고 우리를 기분 좋게 만드는 라곰 특유의 분위기를 내기 위한 비법을 소개하겠다.

그릇을 준비한다.

색색의 작은 그릇이 있다면 물론 흥겨운 금요일 느낌을 배가시켜 주겠지만, 크기에 관계없이 아침에 시리얼, 올리브, 수프 등을 담는 그릇이나 이유식용 큰 그릇도 괜찮다. 스웨덴식 타코는 즐거운 셀프서비스를 한 차원 높여 주는 것으로, 당신도 "무엇이든 원하는 대로 편안한 만큼"이라는 "픽-앤-믹스" 정신을 배우고 싶어질 것이다.

타코에 넣을 소를 선택한다.

고기를 좋아하거나 전통적인 방식을 선호한다면, 잘게 다진 쇠고기를 선택한다. 채식주의자라면 할루미 치즈와 네모나게 썰어 구운 고구마 또는 버터호두호박이면 충분하다. 무엇을 선택하든 중요한 것은 당신의 상상력이다. 프레닥스뮈스의 고수라면 구운 파프리카, 커민 가루, 고수 가루, 고춧가루, 소금과 후추를 적당한 비율로 혼합한 자신만의 양념을 만들어 낼 수도 있는데, 어쨌든 마지막으로 라임 주스를 살짝 뿌려 마무리한다. 만약 오늘따라 게으른 금요일을 만끽하고 싶다면 만들어 파는 타코 세트를 사라. 그런다고 해서 뭐라 할 사람은 아무도 없으니까.

야채를 잘게 썬다.

오이, 상추, 토마토, 파프리카도 타코에 넣을 수 있는데, 이 재료들을 잘게 썰어서 그릇에 담기만 하면 된다. 캔 옥수수 또한 잘 어울린다.

마지막 장식

치즈를 간 뒤 살사 소스 통을 열고, 원하는 토르티야 랩이나 타코 쉘을 선택한다. 좀 더 근사하게 즐기고 싶다면 시간을 충분히 갖고 과카몰리와 살사를 직접 만들어 신선한 고수와 잘게 썬 고추를 곁들인다. 좀 더 공을 들이자면 네모 모양으로 자른 페타 치즈나 익혀서 잘게 찢은 돼지고기를 추가해도 좋다. 단, 중요한 점은 기분이 내키지 않을 때는 기본만으로도 이미 충분하다는 것이다.

즐기자!

텔레비전 앞에서든 부엌 식탁에서든, 편안한 옷차림으로 방 안의 조명을 아늑하게 맞춘 다음, 이제 모두 함께 맛있게 먹기 시작하자.

성의 평등과 가정생활
– 라테아빠, 보육비 지원, 효율적 경제에 대해

왜 이렇게 남성 보모들이 많죠? 외국인 기자나 스웨덴을 방문한 이들이 신기하단 듯 던진 이 한마디는 의기양양한 미소를 띤 스웨덴 사람들에 의해 순식간에 널리 퍼져 버렸다. 그리고 결국엔 그런 말이 언제 어디서 어떻게 해서 비롯된 것인지, 아니면 실제로는 그저 헛소문에 불과한 것은 아닌지 이제는 어느 누구도 알지 못하게 된 것 같다. 그러나 분명한 것은, 스웨덴 사람들이 특별히 남성 보모를 선호하는 편이 아닐 뿐더러 심지어 애당초 보모를 고용할 필요조차 느끼지 못한다는 사실이다. 그 대신 거리에 나가 보면, 육아휴직을 낸 스웨덴 아빠들이 한 손에는 커피를 들고 마시면서 다른 한 손으로는 유모차를 밀고 있는 모습을 흔히 볼 수 있다. 우리는 이들을 "맛있는 엄마"라는 뜻의 *라테마마(lattemammor)*에 빗대어 *라테파파(lattepappo)* 또는 *라테아빠(latte dads)*라고 부른다.

새로운 사실

스웨덴은 일하는 여성의 비율이 유럽연합에서 가장 높은 78.3%에 이른다.

부모들의 유토피아 만들기

1974년, 스웨덴은 세계 최초로 여성에게만 한정되었던 육아휴직을 부모 육아휴직으로 바꾸었다. 처음에는 각 부모당 3개월간의 유급 휴직 권리 형태로 도입되었고, 남성은 아내에게 자신의 휴직 일수를 양도할 수 있었다. 그러다가 사용하지 않은 휴직 일수는 소멸되고 타인에게 양도할 수 없다는 규정이 보강되면서 비로소 진정한 변화가 일어나기 시작했다. 1995년에는 "아빠의 달"이 제정되었고, 현재는 부모 각각에게 3개월의 휴직이 허용된다.

스웨덴 부모들은 아이가 태어나거나 입양되면 총 480일의 육아휴직을 받게 되는데, 아이가 만 8세가 되기 전까지는 언제라도 부모 한쪽이 신청해 사용할 수 있다. 또한 아이가 아플 때는 유급 휴가를 쓸 수 있으며, 그로 인해 2월은 파브루아리(Vabruari : 아이를 돌본다는 의미인 vård av barn의 줄임말 VAB와 2월을 뜻하는 Februari의 합성어), 곧 "돌봄의 2월"이라 불릴

당신의 관계는 얼마나 평등한가?

육아와 가사 노동 등 집안일을 함께 분담하면 부모와 자녀 모두가 더욱 행복해진다.

아빠들을 위한 최고의 팁

육아휴직을 신청하지 않은 아빠라 할지라도 다른 방법으로 좀 더 평등한 가정생활을 만들어 갈 수 있다. 아내가 다시 일을 하러 나가게 되면 집에서 자녀들을 돌보는 시간을 좀 더 늘리고, 점심 도시락 메뉴 짜기를 책임지기도 하며, 아이들한테 아빠가 세탁하는 모습을 보여 주도록 하라. 라곰은 이처럼 작은 일에서도 실천할 수 있다.

정도이다. 여기에 실제 비용의 극히 일부만 부담하면 1세 이상의 모든 아동을 유치원에 보낼 수 있는 육아 지원 정책과 양질의 보육 시스템에 이르기까지, 스웨덴이 왜 부모들의 유토피아로 불리는지 알 수 있을 것이다.

성의 평등과 라곰의 관계

성의 평등이 실현된 나라들은 대개 행복지수에서도 그렇지 않은 나라들에 비해 높은 점수를 보인다. 남녀가 평등한 기업들일수록 그만큼 더 성공적이며, 직원들 또한 더 만족해한다. 그런 회사들은 직원의 이직률이 낮고 유지율이 높으며 직장 만족도와 생산성이 높다. 또한 평등주의 커플들이 더 행복한데, 이는 부부한테만 해당되는 것이 아니라 그들의 자녀에게도 마찬가지로 적용된다. 그런 부모를 둔 자녀들은 학교생활을 더 잘하고, 정신과 치료나 약물 처방을 받는 비율도 낮다. 평등한 관계의 엄마들은 더 건강하고 행복하며, 상대적으로 우울증을 겪을 가능성도 적다. 아빠들 또한 더 건강하고 술과 담배를 덜하며 우울감에 빠질 위험도 낮다.

가정 친화적인 혜택

직장인 정보플랫폼인 버터플라이(Butterfly)가 수집한 2016년 행복지수에서는 일과 삶의 균형이 직원의 전반적 행복과 매우 밀접한 상관관계가 있음이 밝혀졌다. 실제로, 전 세계의 직장인들은 자신들의 고용주가 가장 기대에 못 미치는 부분이 바로 일과 삶의 균형이라고 보았다. 아울러 업무량과 유연성 향상을 위해 기꺼이 시스템과 프로세스 및 주변 여건을 변화시키고자 하는 고용주의 의지가 직원의 행복 수준을 증대시키는 가장 중요한 요소임을 확인했다.

간단히 말하자면, 성의 평등과 가정 친화적인 정책은 개인적인 차원에서뿐만 아니라 거시경제와 미시경제 모두에 득이 된다. 즉, 모두가 승자가 되는 길인 것이다.

"나만의 시간"
– 창의력과 휴식의 중요성

그런데, 과연 고작 1,287스웨덴 크로나(약 17만 원)가량의 한 달 유치원 종일반 비용만으로 충분한 보육 시스템을 마법처럼 만들어 낼 수 있을까? 일과 삶의 균형은 단지 자녀가 보육원에 있는 동안 당신이 직장에서 보내는 시간 이상의 효과를 가져다준다. 그러므로 여가 시간의 중요성은 결코 간과되어서는 안 된다.

스웨덴 전역의 회사들은 하루 6시간 근무제를 시험 삼아 실시하고 있다. 한 가지 고무적인 사실은 휴식 시간과 취미 활동이 주는 상당한 효과를 의식하기 시작했다는 점이다. 그리고 많은 고용주들이 그 대가로 자신의 회사가 갖는 발전 가능성 내지 매력이 크게 상승해 그만큼 입사 지원자가 늘고, 직원들의 행복도와 업무 효율성 또한 증대되었음을 깨닫게 되었다.

새로운 사실

창의력과 시간 모두가 실제로 행복의 증진에 기여하는 것이 입증되었다. 글쓰기를 시작하거나 그림 그리기 수업에 참여해 보고, 아니면 점심시간에 산책하는 습관을 가져 보자. 규칙적으로 활동할수록 일의 생산성은 물론 만족도가 그만큼 더 늘어나는 효과를 느낄 수 있을 것이다.

배터리 충전하기

신경과학의 관점에서 살펴보면 이는 더더욱 이해하기 쉽다. 교감신경계(SNS)가 우리를 계속해서 앞으로 나아가도록 몰아세운다면, 부교감신경계(PSNS)는 다시금 우리를 진정시키고 재충전하도록 도와주는 역할을 맡는다. 단기적인 사고, 위험에 대한 민감도, 그리고 강력한 추진력을 특징으로 삼는 교감신경계는 언뜻 생산적이고 효율적으로 보일 수도 있다. 하지만 이 같은 교감신경계가 중단 없이 계속 가동되기만 한다면, 우리는 투쟁 모드로 밀어붙여져 언제고 탈진 상태에 빠질 수 있다. 따라서 우리에게도 부교감신경계가 필요하며 축구나 뜨개질을 하든 피아노를 연주하든, 가장 중요한 것은 휴식이다. 이처럼 우리의 배터리를 재충전하는 것 또한 라곰이다. 그 순간 당신은 한숨 돌릴 수 있는 여유를 갖게 되고, 장기적으로도 그 효과를 거듭해서 누릴 수 있을 것이기 때문이다.

시간을 창조적으로 사용하기

일과 교육에 대한 진지한 접근 방식을 고려할 때, 스웨덴 사람들은
정말이지 여가 시간을 잘 활용한다. 스웨덴에서는 협회나 그룹 활동이
매우 활발하고, 많은 아이들이 문화 학교(9쪽 참조)에서 악기를 배우거나
그와 유사한 활동을 한다. "프리티드(fritids)"라고 불리는 "방과 후 보육"은
말 그대로 "자유 시간"을 의미하는데, 방과 후의 시간을 어떻게 보내야
하는지에 대한 스웨덴 사람들의 공통된 견해를 있는 그대로 보여 준다.
그 결과, 스웨덴은 일만 잘하는 것이 아니라 창조 부분에서 특히 뛰어난
나라로 손꼽힌다. 스톡홀름에만 해도 실리콘밸리만큼 수많은 첨단기술
창업 회사들이 자리하고 있으며, 음악 부문에서도 스웨덴은 1인당
인기 대중음악 최대 수출국이다.

당신의 고용주가 6시간 근무제를 그다지 좋아하지 않는다고 해서
"나만의 시간"을 가질 여유가 없다고 느낄 필요는 없다. "나만의 시간"은
그다지 많은 것을 필요로 하지 않기 때문이다. 지금 당장은 재미있을지
몰라도 장기적으로는 별 가치가 없는 텔레비전 프로그램 시청을 하나쯤은
포기하고, 소셜 미디어에 빠져 사용하는 시간을 조금이나마 줄여 보자.
대신 매일 저녁 5분의 시간을 일기 쓰는 데 할애하거나 일주일에
한 번쯤은 저녁 시간에 열리는 강의를 수강하는 것도 좋다. 그러다 보면
시간을 들인 만큼 집중력이 향상되고 에너지가 살아나는 즐거움을 보상으로
맛보게 될 것이다. 그리고 이내 그런 당신에게서 넘쳐 나는 창의력에
스스로도 놀라게 될 것이다.

피카(FIKA) 문화

– 피카는 휴식 시간을 원하는 당신은 물론, 기업에도 득이
되는 시간이다.

피카는 스웨덴 사람들이 새로운 경지로 끌어올린 커피 타임으로, 이 같은 휴식이
근로 환경에 미치는 가치나 중요성은 아무리 강조해도 부족하다. 이미 스웨덴 사회
어디에서나 지켜지고 있는 피카를 정기적으로 실천하는 데 도움이 될 만한 몇 가지
팁을 소개한다.

커피를 마시는 휴식 그 이상의 것

피카는 그 자체로서 하나의 완전한 제도이다(40쪽 참조). 피카는 직장에서
여러 가지로 매우 라곰스러운 기능을 수행한다. 오전 10시의 피카를 이미 실천하고
있는 곳이라면, 그 같은 휴식 시간이 단지 15분 정도 컴퓨터 모니터에서 눈을 떼고
잡다한 수다를 나누는 것에 그치지 않고, 업계의 동향을 따라잡거나 오후에 클라이언트
앞에서 해야 하는 발표의 어려움 등에 대해 서로 대화를 나누게 됨으로써 직장 문화와
회사 실적 모두를 한 단계 높여 주었음을 확인했을 것이다. 피카와 오전 11시의 다과와의
차이를 주목하자. 단지 커피 잔을 가득 채우는 것 이상의 주고받음, 상호 연결, 당면한
업무에서 잠시 자유로워지는 것, 그리고 진정한 라곰 스타일로 동료와 같이하는 것,
이것이 바로 피카이다.

피카 시작하기

당신의 직장에 피카 문화를 제대로 정착시키는 게 생각처럼 쉽지 않을 수도 있다.
하지만 일단 부분적으로나마 시작한다면, 당신은 피카가 주는 여러 혜택을 한껏 누릴
수 있을 것이다. 우선 옆자리에 앉은 동료에게 모닝커피를 마시자고 하거나 차를 끓여
주겠다고 제안해 보자. 동료와 얼굴을 맞대고 대화해야 할 필요가 있는 경우라면,
휴게실이나 구내식당에서 미팅을 갖는 것도 좋다. 좀 더 욕심을 낸다면, 금요일마다
피카 모임을 가지자고 제안해 보자. 프레닥스뮈스(24쪽 참조)를 즐기러 집으로
돌아가기 전에 커피를 마셨다고 잔뜩 화가 나 소란을 피울 사람은 아마도 없을 테니까.

라곰 먹기:
음식, 음료, 피카

스웨덴 사람들처럼 야채를 직접 기르고 수확해 조리하는 법을
배워 보자. 피크닉과 절제된 식습관부터 뉴 노르딕 요리에
이르기까지, 라곰 먹기에 필요한 모든 노하우가
여기에 담겨 있다.

2

피카(FIKA)
– 인생의 한 줄기 희망

스웨덴 사람들은 전 세계에서 3위 안에 드는 커피 소비자들인데, 이는 피카 문화와 밀접한 관련이 있다. 고등학교 시절 가장 좋아하는 카페에 앉아 친구와 수다를 떨며 오후 시간을 보냈던 기억은 아직도 소중한 순간으로 남아 있다. 그때 쓴 블랙커피를 몇 번씩이나 리필했던 것을 가리켜 딱히 라곰이라고 할 수는 없겠지만, 피카의 맥락과 관습을 고려해 볼 때 이는 스웨덴의 음식 문화 전통을 따른 것임엔 분명하다.

새로운 사실

2012년 유럽연합의 연평균 커피 소비량인 4.83kg과 비교해, 스웨덴 사람들은 연평균 7.32kg의 커피를 소비했다.

피카 라곰 스타일

항상 균형 잡힌 식사와 건강한 먹거리를 중요하게 생각하는 문화에서 피카는 한 줄기 희망이다. 어느 평범한 수요일이라면 쿠키 하나로도 충분하지만, 전통을 지키려면 온갖 구색을 맞춰야 할 때가 많다. 일상적인 모임의 일부로서 열리는 피카에서라면 번이 나오기 전에 오픈 샌드위치와 과일을 먼저 내도 상관없지만, 전형적인 주말 피카의 경우에는 맛있는 번과 쿠키가 가득하고 예쁜 커피 컵과 초로 마무리된 테이블 등 특별한 준비가 필요하다. 스웨덴 사람들도 마음껏 먹는 것을 좋아하지만 결코 지나치게 먹지는 않는다. 다시 말해 쿠키를 종류별로 하나씩 먹어 볼 수는 있지만 번을 두 개나 먹는 것은 용인되지 않는다. 그리고 무엇이 됐든 절대로 마지막 남은 하나를 먹어선 안 된다. 전형적인 피카 모임이라면 아이들이나 스웨덴 사람이 아닌 이가 접시를 비우지 않는 한, 마지막 쿠키는 그대로 남아 있을 것이다.

영국 사람에게는 펍(pub)이, 이탈리아 사람들에게는 아페리티보(aperitivo)라는 대중 주점이 사랑받는 것처럼 스웨덴 사람들에게는 피카가 중요하다. 밤낮 가리지 않고 업무 관련 이메일을 주고받는 시대에서 피카는 잠시 멈추고 휴식하며 자기 자신과 사랑하는 이들, 동료와 연결되는 한 가지 방법이 될 수 있다. 끝없이 리필만 하지 않는다면, 사실 피카는 밤새 맥주를 마시거나 와인과 공짜 올리브를 먹는 것에 비해 매우 라곰스럽다고 할 수 있다.

카넬불레(KANELBULLAR)
– 시나몬 번

그 어떤 페이스트리나 빵보다도 피카에 어울리는 음식이 바로 카넬불레라 불리는 시나몬 향기가
나는 번인데, 여기에서는 향기로운 향신료 카다멈을 살짝 추가했다. 오븐에서 번이 구워지는
동안 집 안 가득 퍼져 나가는 따뜻한 향신료의 매혹적인 향기를 상상해 보라. 그러면 왜 스웨덴
사람들이 시나몬을 거의 신처럼 떠받드는지 금세 이해할 수 있을 것이다.

분량 : 번 9~10개

해바라기유
우유 300ml

시나몬 가루 1 티스푼
버터 50g
밀가루 425g, 뿌리기용으로 조금 더
건조 이스트 7g
정제당 50g
가는소금 1/2 티스푼
살짝 푼 계란 1개

소 :

부드럽게 녹인 버터 75g
황설탕 50g
시나몬 가루 2 티스푼
가는소금 1/2 티스푼

글레이즈 :

살짝 푼 계란 1개
덧뿌리기용 펄 슈거 혹은
데메라라 슈거

빵 굽는 커다란 팬에 해바라기유를 살짝 바른다.

작은 소스 팬에 우유를 따르고 카다멈을 넣은 뒤 끓기 직전까지
가열한다. 불을 끄고 버터를 넣은 다음 완전히 녹을 때까지 저은 뒤,
따뜻할 정도로 식을 때까지 놓아 둔다.

큰 그릇에 밀가루와 다른 마른 재료들을 모두 넣고 잘 섞는다.
한가운데를 우묵하게 만들어 계란을 추가한다. 그런 다음 따뜻한 우유
믹스를 잘 저으며 넣는다. 부드럽고 끈끈한 반죽이 그릇에서 잘 떨어질
때까지 밀가루 혼합물에 우유 혼합물을 서서히 추가하며 잘 섞는다.

다 함께 섞은 반죽을 살짝 기름칠한 (밀가루는 뿌리지 말 것) 작업대
위에서 손으로 5분간 치댄다. 처음에는 도우가 매우 부드럽고
끈적이지만 치댈수록 덜 끈적이게 된다.

그릇에 살짝 기름칠을 하고 반죽을 넣는다. 랩이나 깨끗한 행주로
덮어 두고, 크기가 두 배 정도 부풀어 오를 때까지 30분에서 1시간 정도
기다린다.

반죽이 부풀어 오르는 동안, 속에 들어갈 소를 만든다. 준비한 재료를
그릇에 모두 넣고 부드럽게 펴 바를 수 있을 때까지 잘 섞는다.

밀가루를 살짝 뿌린 평평한 표면 위에 부풀어 오른 반죽을 올리고
밀대로 밀어서 35cm x 25cm 크기에 3mm 두께의 직사각형 모양이
되도록 민다.

시나몬 소를 반죽의 긴 한쪽 면에서부터 시작하여 펼쳐 바른다. 반죽을
롤케이크처럼 돌돌 말아 원통형으로 만든 다음, 이음새가 아래로 가도록
마무리한다. 약 2.5cm 두께로 10조각 자른다.

빵 굽는 팬에 약간의 간격을 두고 조각을 올려놓는다. 반죽을 살짝
찔렀을 때 다시금 부드럽게 올라오는 상태가 될 때까지 약 30분간 따뜻한
곳에 놓아둔다.

글레이즈를 만들려면 살짝 푼 계란을 브러시로 번에 바르고 그 위에
펄 슈거를 뿌린다. 한편, 불의 세기를 6에 맞춘 뒤 오븐을 200˚C로 예열한다.

황금빛이 날 때까지 20분에서 25분간 번을 구워 낸 뒤, 공기가 잘 통하는
선반 위에 올려 서서히 식힌다. 그리고 맛있게 먹는다.

사교적인 미식가

– 달리 무슨 할 말이 있을까?

나는 작년 여름에 스웨덴에서 몇 주를 보내면서 너무나 많은 채식 요리를 대접받자 갑자기 고기가 불필요한 것처럼 느껴졌다. 스웨덴에서 쏟아져 나오는 매혹적인 비건 음식 블로그와 요리책들을 보면, 왜 내가 비건이 될 뻔한 유혹에 빠졌는지 쉽게 알 수 있을 것이다.

새로운 사실

스웨덴 사람들 10명 중 1명은 채식주의자이거나 비건, 즉 고기는 물론 우유나 달걀조차 먹지 않는 완전한 채식주의자인 것으로 추정된다.

스웨덴 사람들은 고상한 척하는 미식가일까?

어쩌면 그럴지도 모르겠다. 하지만 과정 또한 결과만큼이나 중요하다. 굳이 내 의견을 말하자면, 꽤나 라곰스러운 음식 접근법이라고 할 수 있겠다.

물론 채식이라는 경향이 스웨덴에 국한된 것은 아니다. 하지만 새로운 트렌드에 관한 것이라면 무엇이든 찾아 읽고, 가장 인기 있는 빵이라면 꼭 한번 구워 먹어 봐야 직성이 풀리는 것이 전형적인 스웨덴 사람들의 모습이다. 스웨덴 사람들의 음식에 대한 접근 방식을 이해하려면, 음식의 사회적 역할을 반드시 고려해야 한다. 스웨덴 사람들은 언어를 단지 도구적인 수단으로 인식해 꼭 필요할 때만 간간이 말할 뿐, 결코 소용없는 말을 늘어놓지 않는다. 그러나 이들에게 음식은 단순한 배고픔이나 배부름의 경험 그 이상의 것이다. 사교적인 자리에서 예의상 나누는 담소나 잡담을 꺼리는 사람들에게 음식은 그 자체로 하나의 활동인 동시에 이야기를 주고받게 되는 화젯거리가 된다. 스웨덴 사람들은 음식에 대해 이야기하고, 서로의 음식을 맛보며 레시피를 공유하고, 혹은 아무 말 없이 그저 음식을 즐기기도 한다. 양은 중요하지 않다. 기능과 경험이 핵심이다.

라곰 재료 추가하기

라곰의 관점에서 보면 사실 우리는 모두 먹어야만 한다. 그리고 그처럼 어쩔 수 없이 먹어야만 하는 불가피함을 모임에서 이웃을 만나거나 친구들이 놀러 왔을 때 간단한 파스타 요리를 만들기 위해 함께 채소를 다지는 등의 사교라는 경험과 결합시킴으로써, 그 순간을 진정으로 즐기는 동시에 비용과 식품 첨가제는 줄이는 조화를 꾀한다. 스웨덴에서는 참석자들이 자신의 취향에 맞는 요리나 와인 등을 가져오는 포틀럭 파티가 큰 인기를 끌고 있으며, 피크닉은 사회생활의 핵심적인 부분이다.

피크닉 열기
– 싸고 쉬운 라곰식 파티

내가 기억하는 한, 나는 오래 전부터 피크닉을 즐겨 왔다. 어릴 적에는 주로 유치원이나 학교에서 가는 소풍을 통해, 때로는 여름날 마을 가까이 자리한 정원에서 술래잡기 같은 놀이를 하는 중간 중간에 피크닉을 즐기기도 했다. 스웨덴에서 햇살은 결코 당연한 것으로 받아들여서는 안 되는 신성한 존재이다. 그래서 난 날씨가 허락될 때마다 공원이나 호숫가에서 친구들과 만나 어울리기도 하고, 술집이 너무 비싸다거나 실내라서 너무나 갑갑하게 느껴질 때면, 맥주 캔과 기타를 가지고 공원으로 나가 파티를 즐겼다.

피크닉은 그저 독자적인 이벤트가 아니라 한여름 모임에서부터 아이들과 같이하는 플레이 데이트, 그리고 꽁꽁 언 호수에서 타는 아이스 스케이트에 이르기까지 스웨덴 사람들이 벌이는 일련의 다양한 활동을 보완해 준다. 스웨덴 사람들에게 산에서 즐기는 활강 스키의 제일 좋은 점이 무엇이냐고 물어보라. 그러면 그들은 아마도 햇살이 비치는 슬로프에서 맛보는 오픈 샌드위치와 뜨거운 코코아 한 잔이라고 답할 것이다. 어쩌면 당신이 생각하는 전형적인 피크닉은 아닐지 모르지만, 그래도 야외에서 먹을 음식만큼은 분명 준비되어 있다.

피크닉 사고방식

내가 피크닉을 좋아하는 이유는 쉽게 준비할 수 있다는 점이다. 바닷가에서 하루를 보내기 위해 짐을 싸든, 혹은 몇몇 친구들과 즉흥적으로 공원에 놀러 가든, 나는 그 같은 개념이나 발상의 유연성을 좋아한다. 집에서 만든 파스타 샐러드, 과일 샐러드, 케이크, 커피 플라스크를 전부 준비해 보자. 아니면 그 모두를 간단하게 샌드위치로 대신해도 관계없다. 혹은 마트에 들러 베리나 빵을 사 가도 좋다. 어쨌거나 외식하는 것보다는 돈도 절약할 수 있을 것이다. 그리고 햇살과 신선한 공기, 친구가 있는데 더 이상 부족하거나 걱정할 게 무엇이 있겠는가.

내가 가장 좋아하는 피크닉은?

공원에서 여는 생일 파티이다. 무덤덤한 플레이 센터나 게임에 빠진 아이들은 잊어라. 대규모 패밀리 레스토랑을 예약하는 번거로움도, 어색한 더치페이 따위도 걱정할 필요 없다. 스스로 별미를 차려 내거나, 친구들에게 포틀럭 음식을 준비해 오라고 부탁하자. 나무 사이로 갖가지 장식용 깃발이 나부끼고, 기타나 휴대용 스피커까지 있다면, 피크닉 파티 야말로 수수하면서도 사랑스러운 이벤트이다.

"스웨덴 사람들에게
햇살은 결코 당연한 것으로
받아들여서는 안 되는
신성한 존재이다."

엘더플라워 코디얼

엘더플라워는 상큼하면서도 여름과 잘 어울리는 다용도 재료이다. 스스로 엘더플라워 나무를 재배하여 자신의 농장을 더욱 아름답게 꾸민 주말농장의 주인이 아니라도, 공원과 들판에 나가면 꽃과 열매를 구할 수 있으며 구매할 수도 있다. 기본적인 엘더플라워 코디얼(농축액)을 준비해 놓는다면, 생일 파티에서 아이들은 물론 칵테일을 원하는 어른들도 만족시킬 수 있을 것이다. (반대쪽의 레시피 참조)

분량 : 약 2리터

잘 털어 벌레를 제거한
엘더플라워 20송이

얇게 썬 레몬 3개

구연산 25g

물 1리터

과립형 설탕 혹은
정제당 1kg

엘더플라워 꽃송이, 레몬 슬라이스, 구연산을 커다란 내열 그릇에 담는다.

물과 설탕을 큰 냄비에 담아 약한 불에서 천천히 가열한다. 설탕이 잘 녹도록 가끔씩 저어 준다.

우묵한 그릇에 재료들을 부은 뒤, 식도록 놓아둔다. 랩으로 덮어 밤새 우려낸다.

고운 면직물인 모슬린을 덧댄 체를 이용해 혼합물을 걸러 낸 뒤, 살균 처리된 밀폐 용기에 담아 봉하고, 서늘한 곳에서 최대 6개월간 보관한다.

엘더플라워 쿨러

피크닉이든 아니면 정원에서 바비큐 파티를 열든, 집에서 만든 엘더플라워 코디얼(왼쪽 참조)을 사용하여 독특한 맛의 상쾌한 음료를 만들 수 있다. 어른들의 파티에서라면 원하는 화이트 스피릿을 럼, 보드카, 진, 데킬라 등 베이스로 혼합한 알코올 음료를 넣고 즐기면 된다!

레몬 1개
라임 5개
민트 잔가지 몇 개
얼음덩이
엘더플라워 코디얼
(왼쪽 참조)
찬물 또는 탄산수

레몬즙을 피처에 짜 넣고 라임즙도 마찬가지로 짜 넣는다. 짜고 남은 과일은 민트 잔가지 및 얼음 조각과 함께 피처에 넣는다.

엘더플라워 코디얼과 물을 1대 10의 비율로 용기에 채워 넣는다. 탄산음료를 좋아한다면, 물 대신 탄산수를 넣고 잘 섞는다.

씨앗 호밀빵

뷔페 형식의 전통적인 스웨덴 식사인 스뫼르고스보르드(smörgåsbord)로부터
오픈 샌드위치와 든든한 아침 식사에 이르기까지, 라곰을 추구하는 이라면 건강하고 맛있는
호밀빵 레시피는 반드시 알고 있어야 한다.

분량 : 900g 덩어리 1개

해바라기유
검은 호밀가루 250g
흰 호밀가루 250g,
부리기용으로 조금 더
가는소금 2 티스푼
끓는 물 500ml
건조 이스트 2 티스푼
다크 시럽 또는 페당밀 2 티스푼
빻은 호밀 또는 호밀 플레이크 75g
해바라기씨 75g
아마씨 75g

900g짜리 빵틀에 해바라기유를 살짝 바른다.

준비한 호밀가루와 소금을 큰 그릇에 담는다. 끓는 물 500ml를
그 위에 붓고, 되직하고도 약간은 푸석푸석한 반죽이 될 때까지 함께
잘 섞는다. 그런 다음, 약간 식도록 놓아둔다.

건조 이스트, 다크 시럽 또는 페당밀을 빻은 호밀이나 호밀 플레이크와
함께 반죽에 추가하고, 토핑용으로 쓸 만큼만 남겨 둔 채 씨앗도 함께
추가한다. 반죽이 부드럽지만 너무 끈적거리지 않게 뭉칠 정도로만
약 2 테이블스푼가량의 물을 넣고 휘저어 준다.

밀가루를 살짝 부린 작업대에 반죽을 올려놓고, 부드럽게 잘 뭉쳐질
때까지 약 5분간 치댄다. 또는 반죽용 갈고리가 부착된 스탠드 믹서를
사용해도 된다.

반죽을 빵틀과 대략 같은 길이의 소시지 모양으로 만든다. 반죽을
빵 굽는 그릇에 담고, 빵의 윗면에 브러시로 물을 칠한 다음,
남겨 놓았던 씨앗을 뿌린다.

깨끗한 젖은 천으로 반죽을 덮은 뒤, 외풍이 없는 따뜻한 곳에서
약 1/4 정도의 크기로 살짝 부풀어 오를 때까지 몇 시간 동안 놓아둔다.
가능하면 밤새 놓아두는 것이 더 좋다.

빵을 구울 준비가 되었으면, 불의 세기를 6으로 맞춘 뒤 오븐을
200°C의 온도로 예열한다. 오븐이 뜨거워지면, 로스팅 트레이에
끓는 물을 반 정도 부어 오븐 바닥에 놓는다. 윗부분이 갈색이 되고
바닥을 두드렸을 때 텅 빈 듯한 소리가 날 때까지 35~40분간 빵을
굽는다. 빵을 꺼내 선반에서 완전히 식힌 뒤, 적당한 크기로 썬다.

뉴 노르딕 요리
– 수확과 재배를 통해 기본으로 돌아가기

2014년, 레네 레제피(Rene Redzepi)와 클라우스 마이어(Claus Meyer)가 코펜하겐에서 운영하는 레스토랑 노마(Noma)는 5년 연속 전 세계 최고의 레스토랑으로 선정되는 영광을 누렸다. 뉴 노르딕 요리는 북유럽 국가에 관한 모든 것이 전 세계적으로 급속히 확산되어 나가는 현상의 시발점이다. 또한 자연이 선물한 제철 식재료에 대한 경외심과 검소한 소비를 토대로 음식을 만들고 즐기는 진정한 기쁨과 열정이 여실히 드러나는 최강의 라곰이다.

새로운 사실

2004년 클라우스 마이어(Claus Meyer)는 뉴 노르딕 음식 선언(New Nordic Food Manifesto)으로 스칸디나비아 유명 셰프들의 지지를 얻었다.

이 선언은 다른 무엇보다도 계절의 변화를 요리에 반영했다. 또한 좋은 맛에 대한 욕구와 육체적·정신적 건강의 조화를 현대적 지식과 결합시켰다.

마그누스 닐손(Magnus Nilsson)은 사방이 산과 숲으로 둘러싸인 오두막에서 지내며 자기 손으로 직접 재배하고 수확하고 사냥한 음식을 내온다. 업계 랭킹에 따르면 그는 현재 스웨덴 최고의 셰프이며, 슬로 푸드의 선구자와도 같은 존재가 되었다. 다니엘 베를린(Daniel Berlin)도 비슷한 신념을 갖고 있는데, 그는 중간상인을 배제하는 것이야말로 품질관리는 물론, 우리가 산지의 고품질 재료로 최고의 음식 맛을 느낄 수 있는 최상의 방법이라고 주장한다.

슬로 푸드 운동에 참가하자

스웨덴에서는 직접 재배하는 트렌드가 들불처럼 번져 나가고 있다. 아파트 발코니마다 토마토와 로즈마리로 넘쳐 나고, 정원과 시민 농장에서 엄청난 양의 양배추, 호박, 당근이 생산되고 있다. 지구온난화와 점점 더 늘어만 가는 음식 쓰레기가 심각한 사회문제로 대두되고 있는 오늘날, 직접 재배하여 스스로 노동한 결과를 먹는 삶의 방식은 매우 라곰적이다. 또한 이는 운송거리가 짧고 경제적이며, 자신의 주말농장이나 채소밭 또는 발코니에서 수확한 것을 중심으로 식단을 짤 수 있게끔 해 준다(60쪽 참조).

알레만스레텐
(ALLEMANSRÄTTEN)

스웨덴에서는 어떤 나라보다도 일반 대중에게 자연을 접할 수 있는 권리가 더욱 폭넓게 보장된다. 드넓은 대자연에 대한 스웨덴 사람들의 인식에 대해서는 102~105쪽을 참조하자.

최고의 팁

자전거에 올라타고 숲이나 산으로 나가 보자. 그리고 그곳에서 원하거나 눈에 띄는 것들을 채집하며 여유롭게 하루를 보내 보자. 코코아나 커피 그리고 오픈 샌드위치를 곁들인 피카 휴식을 취하면서 말이다. 엘더플라워로는 코디얼 (농축액)을 만들고 (48쪽 참조), 베리로는 잼을 만들자 (59쪽 참조). 그리고 독버섯과 식용 버섯을 구별할 수 있는 이라면 야생 버섯을 바구니에 그득 담아 와 손질하고 씻은 뒤, 천일염과 검은 후추로 간을 하여 버터에 볶아서 바삭하게 구운 빵 위에 얹어 보자.

직접 재배하는 트렌드는 전혀 새로운 것이 아니다. 숲이 블루베리로 넘쳐 나는 여름휴가 동안이나, 방학이 끝나고 숲이 꾀꼬리버섯으로 덮여 황갈색으로 자태를 바꿀 때면, 스웨덴에서는 도시인, 시골 사람 가릴 것 없이 모두 산으로 몰려들고 인스타그램은 자연 풍경을 찍은 사진들로 넘쳐 난다. 이방인들의 눈에는 인위적으로 설정하고 꾸민 듯한 느낌이 들 수도 있겠지만, 자연에 대한 그들의 사랑만큼은 진실하다. 이는 누구나 스웨덴의 자연 어느 곳이든 합법적으로 접근할 수 있게끔 허용하는 자연에의 접근권, 곧 알레만스레텐 (Allemansrätten, 왼쪽 글 참조)과 관련이 있다. 스웨덴 사람들의 머릿속에는 아름다운 대자연을 즐기지 않는 것이야말로 크나큰 잘못이라는 생각이 깊이 자리하고 있다. 특히나 햇살이 환하게 비치는 날, 실내에만 머무르는 것은 더더욱 그러하다. 스웨덴 사람들은 자연이 방부제 없는 맛난 먹거리를 무상으로 제공할 때면 한껏 흥분한다. 맑고 신선한 공기를 공짜로 얼마든지 마실 수 있으며, 자연에 대한 무한한 경외심과 감사가 뒤따르는 하루. 이것이야말로 진정한 라곰의 아늑한 휴식 활동이 아닐까?

빵 굽기와 맥주 양조 DIY

이번에는 빵 굽기로 실내에서 라곰을 시도해 보자. 조금 더 욕심을 낸다면, 손수 물, 소금, 밀가루만으로 오랫동안 발효시켜 만든 사워도우 빵 발효제를 만들거나 50쪽에 있는 호밀빵 레시피에 도전해 보아도 좋다. 혹은 집에서 직접 맥주를 양조할 수도 있다. 수제 맥주 트렌드는 전 세계적으로 매우 폭넓게 유행하고 있지만, 특히 스웨덴에서는 양조에 필요한 물품을 파는 상점이 즐비하고, 유명한 맥주 축제도 곳곳에서 열린다. 또한 조언이 필요한 경우, 언제 어디서든 열정적인 수제 맥주 커뮤니티를 찾을 수 있다.
빵 굽기와 맥주 양조는 점점 더 확산되는 슬로 푸드 운동일뿐 아니라, 지역 사회, 공예, 명상 (114쪽 참조)과 함께 라곰 라이프스타일에 완벽히 부합된다.

늦여름의 파티
– 자연의 선물 축하하기

우스꽝스러운 파티 모자를 쓴 한 무리의 어른들이 술을 마시며
"슈납스 송 (Snaps songs)"을 흥얼거리고 가재 껍데기에서 살을
바르는 광경은 라곰과는 전혀 어울리지 않는 모습일까? 스웨덴에서는
매년 가재 파티가 열리는데, 이러한 전통은 가재가 멸종하게 될 것을
우려해서 가재 낚시를 금지했던 예전의 스웨덴 법에 기원을 두고 있다.
당시의 어부들은 그 법에 따라 6월과 7월에는 가재 낚시를 할 수
없었다. 일부 지역에서는 8월 7일 이후에야 가재 낚시를 재개할
수 있었는데, 그 영향으로 오늘날에도 8월 8일이 되면 스웨덴
곳곳에서 첫 가재 낚시를 축하하는 축제가 열린다.

다양한 다른 스웨덴 전통과 마찬가지로 가재 파티 또한 가급적이면
풍경이 좋은 물가의 야외에서 벌어지며, 사람들은 이날만큼은 비가
오지 않기를 기원한다. 물론, 가재 파티의 주인공은 당연히 엄청난
양의 가재이지만 맥주와 다양한 샐러드, 빵, 슈납스 술, 키시 파이 등도
스뫼르고스보드(Smörgåsbord) 뷔페에서 결코 빼놓을 수 없는 주요
요소들이다. 그러나 무엇보다 중요한 것은, 친구와 가족이 자연 속에서
모여 늦여름의 축하 파티를 열며 모두 함께 음식에 대해 이야기하면서
한때의 아름다운 추억을 만들어 간다는 사실이다 (45쪽 참조).

뵈스터보텐(VÄSTERBOTTEN) 치즈 키시

키시는 뷔페 메뉴로도 좋고 다목적으로 쓰일뿐더러, 각자 음식을 가져와 즐기는 포트락 파티나 피크닉에 가져가기 좋기 때문에 라곰식 식생활에 적합한 음식이다. 이 숙성 치즈 버전은 축하 파티와 특별한 행사에 특히 잘 어울린다.

분량 : 6인분

(뷔페 메뉴인 경우엔
6인분 이상)

페이스트리 :
밀가루 175g
깍둑썰기한 차가운
가염 버터 125g
차가운 물 2 테이블스푼

소 :
계란 3개
우유 100ml
더블 크림 150ml
뵈스터보텐 치즈
(Västerbottensost)
150g, 강판에 간 것
소금 약간
갓 갈은 검은 후추

불의 세기를 7에 맞춘 뒤, 오븐을 220°C로 예열한다.

페이스트리를 만들려면, 밀가루와 버터를 그릇에 담고 부서지는 질감이 느껴질 때까지 손끝으로 문지른다. 계량한 물을 넣고, 밀가루 믹스와 함께 반죽을 부드럽게 만든다.

24cm 크기의 원형 파이나 키시 틀에 누르며 담는다. 밑바닥이 빠지는 타입도 괜찮다. 페이스트리 케이스 바닥을 포크로 찌르고, 황금빛 갈색이 될 때까지 10분에서 12분간 굽는다.

빵이 구워지는 동안 안에 넣을 소를 만들기 위해 계란, 우유, 크림을 그릇에 넣고 잘 혼합될 때까지 섞다가 강판에 간 치즈를 추가한다. 소금과 후추로 입맛에 맞도록 간을 한다. 소 혼합물을 페이스트리 케이스에 넣고 단단해질 때까지 약 20분간 굽는다. 그런 다음, 그대로 두어 식힌다.

뵈스터보텐 치즈는 스웨덴뿐만 아니라 웬만한 슈퍼마켓이라면 구비되어 있을 것이다. 제대로 된 뵈스터보텐 치즈를 구할 수 없을 때에는 다른 숙성치즈로 대체해도 괜찮다. 반숙성 체다 치즈나 반숙성 파마산 치즈 또한 무방하다.

블루베리와 바닐라 잼

당신이 어디에 있는가에 따라 8월에 가재를 구하지 못할 수도 있고, 가재에 곁들일 치즈 키시가 필요하지 않을 수도 있다. 하지만 블루베리라면 상점에서 산 것이든 아니면 운 좋게 산지에서 직접 수확한 것이든 능히 구할 수 있을 것이다.

분량: 약 1리터

신선한 블루베리 900g
잼용 설탕 450g
물 4 테이블스푼
반으로 가른 바닐라
꼬투리 1개,

모든 재료를 큰 냄비에 넣은 뒤, 설탕이 모두 녹을 때까지 간간이 저어 주며 낮은 불에서 천천히 끓인다.

일단 끓기 시작하면, 10분 정도 더 부글부글 끓인다. 그런 다음 불을 높이고, 잼이 응고점에 도달할 때까지 15분에서 20분간 급속히 끓인다.

응고점에 도달했는지 확인하기 위해서는 잼을 한 숟가락 떠 차가운 접시에 올려놓고 식을 때까지 몇 분간 기다려서 테스트해 본다. 잼을 깨끗한 손가락으로 살짝 밀어서 주름이 지면 응고점에 도달한 것이다.

팬을 불에서 내리고, 잼을 약간 식힌다. 바닐라 꼬투리를 제거하고, 살균소독한 유리병에 잼을 담아서 밀봉한다. 잼을 담은 병은 시원하고 건조하며 빛이 들지 않는 어두운 장소에 보관한다.

주말농장 사랑
– 자급자족 재배 전문가가 제공하는 최고의 팁

예스퍼 얀손 (JESPER JANSSON)을 소개한다

예스퍼(33세)는 지하철 기관사이자 프리랜서 애니메이터로 일하고 있다. 그는 부인 소피아(35세)와 두 딸 알바(5세), 곧 돌이 되는 엘리디와 함께 스톡홀름의 교외에 위치한 반드호겐(Bandhagen) 아파트에서 살고 있다. 예스퍼는 현재 엘리디를 위해 육아휴직 중이며 부인과 함께 2010년부터 주말농장을 일궈 많은 것을 자급자족하고 있다.

오늘날에는 소비를 부추기는 다국적 장치와 절제된 소비를 주장하는 친환경적 라이프스타일이 공존한다. 먹거리에 대한 염려가 끊이지 않는 현대사회에서 어떤 종류의 채소를 기르고, 어떤 비료를 줄 것인가를 집에서 통제하는 것보다 더 라곰스러운 것이 있을까?
오랫동안 주말농장을 일구며 자급자족해 오고 있는 예스퍼 얀손의 지혜를 여러분과 함께 나누고자 한다.

주말농장이 생활에 미치는 영향

"처음에는 채소를 스스로 기름으로써 자급자족하고 돈을 절약하는 데만 집중했어요. 감자나 마늘처럼 저장이 가능한 작물을 대량으로 생산했고, 실제로 처음 몇 년간 이런 작물들만큼은 완벽하게 자급자족할 수 있었습니다.

시간이 지나면서, 제 주말농장에는 훨씬 더 많은 기능이 생겨났습니다. 맛있는 재료를 얻는 곳인 동시에 원할 때면 언제든 쉽게 다가갈 수 있는 오아시스와도 같은 탈출구가 됐죠. 땅을 파고 직접 손을 움직여 일하고 싶은 욕구를 분출하는 창구이자 평화롭고 아름다운 휴식 공간이기도 했어요. 아파트와 도시의 소음이 지겹고, 우리 소유의 야외 장소를 원한다면 주말농장이 딱 제격입니다.

우리 가족은 주말농장에서 대개 잔디를 깎거나 오래 방치해 두었던 농장 구석구석을 정리하는 등 해야 할 일의 리스트를 훑어가며 일하지요. 또 아이들과 어울려 놀면서 채식 핫도그 바비큐를 즐기기도 합니다."

좁은 공간에서 재배하기

주말농장을 갖고 있지 않다면,
발코니나 베란다에서 허브, 고추
혹은 여러 종류의 상추로 시작해
보자. 이런 작물들은 플라스틱
화분에서도 쉽게 자라며, 아주
작은 공간에서도 어렵지 않게
재배할 수 있다. 지금 당장
양동이에다 감자 몇 개를 심어
보는 것은 어떨까?

전문가 팁

#1: 먼저 생각하라!

재배한 작물로 무엇을 하고 싶은지, 또 작물을 얼마나 경작할지 먼저 생각하는 것이 좋다. 기껏 공들여 키우고 어렵게 수확해 놓은 작물이 상해 가는 것을 지켜보는 것만큼 속상한 일은 없기 때문이다.

#2: 꽃과 함께 심어라.

우리는 늘 꽃과 채소를 한 줄씩 번갈아 심는다. 제대로 된 "동반 식물"을 잘 찾기만 하면 잡초가 자라는 것을 절로 막을 수 있을뿐더러, 예민한 경작물을 병충해로부터 지켜 줄 수도 있다. 또, 보기에도 훨씬 좋다!

#3: 친환경 거름주기

친환경 거름주기는 땅에게 스스로 지력을 회복할 기회를 주는 좋은 방법이다. 작물을 수확한 뒤 여러 영양분을 섞은 친환경 거름을 주고, 잡초를 억제해 주는 다양한 식물을 재배하면 건강한 토양으로 유지할 수 있다.

#4: 돌려짓기

계절마다 농작물을 여러 가지로 바꾸어 재배하는 것이 좋다. 혹은 경작지를 여기저기 돌아가며 작물을 재배하면 토양이 황폐해지는 것도 막고 경작물의 질병도 예방할 수 있다.

#5: 겨울 파종

겨울 파종은 추운 겨울에 씨를 뿌리거나 뚜껑을 덮은 상자에 담아 밖에 두는 것으로, 이렇게 하면 경작물이 좀 더 빨리 자란다. 이는 거의 모든 종류의 작물에 적용 가능한 재배법이며, 특히 추운 지역에서 더 효율적이다.

노동의 대가

"우리는 거의 매해 마늘, 미니 오이, 토마토, 감자를 기릅니다. 또, 여러 종류의 케일과 양배추도 종종 키우지요. 손이 많이 안 가고, 또 겨울까지 살아남아서 오랜 기간에 걸쳐 수확할 수 있다는 장점도 있기 때문입니다. 그 밖에도 호박이나 애호박, 비트와 같은 뿌리채소, 무와 상추 등 기르기 쉽고 스웨덴 날씨에 적합한 작물을 즐겨 재배합니다.

또 우리는 까치밥나무, 구스베리, 돼지감자 그리고 겨우내 살 수 있는 백리향, 차이브, 민트, 타라곤 같은 다양한 허브를 팰릿상자에 기릅니다. 농장 한쪽에는 한련 덩굴이 아치형 구조물인 퍼걸러를 타고 올라가도록 놔두죠. 한련의 꽃은 보기에도 예쁘고 맛도 좋거든요."

모든 것은 적당히
– 근검절약, 캔디 즐기기, 아침 식사 챙기기

뉴 노르딕 스타일이 당신과 맞지 않거나 채소를 직접 재배할 의사가 없을 경우엔 일상생활에서 라곰 먹기를 어떻게 실현할 수 있을까? 스웨덴 사람들에게서 그 답을 구해 보자.

피티파나(Pyttipanna)와 남은 음식 사랑하기

먹는 즐거움을 만끽하고 싶다면 1킬로미터를 달려라. 음식 쓰레기를 최소화하고 돈도 절약할 수 있는 쉽고 빠른 주중 한 끼를 원한다면 피티파나와 친숙해져라. 스웨덴 사람들의 남은 음식 사랑이야말로 그들이 음식으로 잘난 척하는 부류가 아님을 보여 주는 결정적인 증거이다. 스웨덴 사람들은 3분 만에 즉석으로 준비된다는 점만 빼면 마카로니라 불러도 무방할 스냅마카로네르(snabbmakaroner)와 어제 먹다 남은 핫도그를 잘게 썰어 기꺼이 저녁으로 먹기도 하고, 오로지 남은 음식으로만 전통 음식을 요리해 내기도 한다. 감자, 미트볼, 당근, 소시지 혹은 냉장고에 남은 그 어떤 것이라도 잘게 썰어 버터에 볶은 뒤 계란 프라이나 비트 뿌리를 얹으면, 남은 음식으로도 제대로 된 한 끼인 피티파나가 완성된다.

나는 냉장고나 식료품 저장실에 있는 재료만으로도 완벽한 채소 볼로네즈 스파게티를 만드는 것으로 정평이 나 있다. 당근과 다진 토마토에 샐러리, 양파, 렌틸콩, 호두버터 한 스푼을 더하면 끝이다. 기대치가 높지 않다면 시간과 돈과 환경보호란 측면 모두에서 크게 절약할 수 있는 방법이다.

토요일의 별미 뢰닥스고디스(Lördagsgodis)

한 가지 짚고 넘어가야 할 것은, 스웨덴 사람들이 토요일마다 한차례씩 기다란 종이 봉지 안에 가득 든 다양한 종류의 사탕을 앉은자리에서 먹어

치워 버리는 전통인 뢰닥스고디스에 대해서다. 이 전통은 결코 라곰스럽지 않을 뿐 아니라 오히려 어느 모로 보나 과식 그 자체이지만 스웨덴 사람들은 뢰닥스고디스를 사랑한다. 그러나 기껏 한다는 과식이 토요일에 한 번 먹는 달콤한 군것질임을 생각해 보면, 결국 중요한 것은 모든 것을 적당히 하려는 태도임을 알 수 있다. 프레닥스뮈스에 칩을 좀 덜 먹고(24쪽 참조), 뢰닥스고디스에 달콤한 것을 좀 더 먹었다면 크게 넘치거나 잘못했다고 할 수는 없을 것이다.

하루 중 가장 중요한 한 끼 아침 식사

스웨덴을 떠난 뒤 겪었던 모든 놀라운 음식 문화 중에서도 하루 동안의 식사 체계야말로 가장 혼란스러웠던 것 가운데 하나였다. 스웨덴 학교에서는 필수과목인 가정학 수업에서 모든 식사는 일정량의 곡물과 탄수화물, 단백질, 과일과 채소로 이루어져야 한다는 기본 모델인 "탈릭모델렌(tallrikmodellen)"과 더불어, 가장 중요한 식사 원칙으로 아침 식사가 하루 세 끼 가운데 제일 중요하다고 강조한다. 달콤한 시리얼과 흰 토스트는 잊어라. 체중 조절을 위해 아침 식사를 건너뛰는 최근 유행도 무시하라. 하루 종일 지나치지도 모자라지도 않게 잘 먹고 혈당을 최대한 일정하게 유지시키는 것, 그것이 라곰 방식이다. 그리고 여기에는 오트밀 죽과 베리, 혹은 통밀빵과 계란 같은 든든한 아침 식사가 포함된다. 그렇게 할 때, 당신의 하루는 당신 뜻한 대로 이루어진다!

멜리스 또는 라곰 스낵

스웨덴 사람들은 아침을 먹고 나서 간식이 될 만한 멜리스(스낵)를 먹고, 그 다음 점심을 먹고 또다시 멜리스를 먹고, 그러고는 이내 저녁을 먹는다. 물론 각각의 멜리스는 당연히 피카로 대체하거나 피카와 곁들여 같이할 수 있다. 스웨덴 어른들이 가장 의아해하는 궁금증 가운데 하나는, 다른 나라의 어린이들은 학교 점심시간에 샌드위치와 과자만 먹고도 어떻게 무언가를 할 수 있는 에너지를 보충하는가 하는 점이다. 스웨덴에서 조금씩 자주 먹는 것은 결코 일시적인 유행이 아니다. 조리된 음식을 적절하게 먹는다면 조금씩 자주 먹는 것은 지극히 당연한 일이다. 두 시간 뒤면 다시금 건강한 스낵을 먹을 수 있는데, 감자를 한꺼번에 8개씩이나 먹을 필요는 없으니까 말이다.

스웨덴 사람들처럼 자축하기

– 집에서 만든 계절 음식과 함께

뢰닥스고디스와 피카를 염두에 둔다면, 스웨덴 사람들이 축제를 제대로 즐기는 법을 잘 알고 있다는 사실이 크게 놀랍지 않다. 그들은 그 모든 것을 건강한 통밀빵으로 균형을 맞춘다. 인생의 커다란 이벤트를 기념할 때에도 인스턴트식품을 끝없이 소비하는 대신, 자연의 선물과 지역 특유의 요리 전통을 가장 잘 활용할 수 있도록 심사숙고하는 것이 스웨덴 사람들의 방식이다. 뉴 노르딕 요리의 선구자들과 그들이 만들어 내는 계절 요리(52쪽 참조)가 보여 주듯, 스웨덴의 음식 전통은 계절 및 지역 특유의 축제와 관련된 경우가 많다.

새로운 사실

스웨덴 사람들은 매년 약 2천만 개의 셈라 (semlor) 곧 사순절 빵을 소비한다.

딸기 머랭 케이크

엄마가 만들어 준 딸기 머랭 케이크는 언제든 어린 시절의 생일 파티를 생각나게 한다. 그러나 이 스웨덴 전통 요리는 한여름 행사나 파티 또는 피카 어디에나 다 잘 어울린다.

분량: 8~10

스펀지케이크 :
기름칠용 해바라기유
계란 노른자 3개
정제당 150g
바닐라 슈거 1 티스푼
우유 75ml (5 테이블스푼)
녹여서 식힌 버터 50g
밀가루 150g
베이킹파우더 2 티스푼

불의 세기를 4에 맞춘 뒤, 오븐을 180℃로 예열한다. 25cm x 35cm 크기의 스위스롤 틀이나 베이킹 트레이에 유산지를 깔고 오일을 가볍게 발라 준다.

스펀지케이크를 만들기 위해 계란 노른자, 정제당, 바닐라 슈거를 큰 그릇에 넣고 보송보송하고 색이 옅어질 때까지 젓는다. 밀가루와 베이킹파우더를 함께 체에 친 뒤, 믹스해 놓은 재료에 천천히 섞는다. 반죽을 미리 준비한 베이킹 틀이나 트레이에 펼친다.

머랭을 만들려면 기름기가 전혀 없는 아주 깨끗한 별도의 그릇에 계란 흰자를 넣고 단단하게 솟아오를 때까지 휘젓는다. 설탕을 추가하여 걸쭉하고 윤이 날 때까지 저으면 쫄깃한 머랭이 된다.

케이크 반죽에 머랭을 골고루 바른 다음, 다진 아몬드를 부린다. 황갈색이 될 때까지 20분간 굽는다.

틀 안에서 케이크를 식힌 뒤에 2등분하고 유산지를 벗긴다. 살짝 봉우리가 생길 때까지 크림을 가볍게 젓는다. 2등분한 케이크 한쪽을 놓고 절반만큼의 크림과 딸기 슬라이스로 토핑한다. 나머지 케이크 한쪽에도 마찬가지로 남은 머랭 크림과 딸기로 다시 토핑한다.

"북유럽에서는 빵 구울 때 흔히 바닐라 슈거를 사용하지만, 필요에 따라서는 바닐라 엑스트랙트 몇 방울로 대신해도 좋다."

글뢰그(Glögg)
– 설탕과 향신료를 넣어 따뜻하게 데운 포도주

대림절은 스웨덴에서 아주 특별한 의미를 지니는 시기이다. 사람들은 크리스마스가 될 때까지 대림절 기간 동안, 네 번의 일요일마다 촛불을 켜고, 별 모양의 조명과 나뭇가지 모양의 촛대로 창을 장식한다. 그리고 빵을 구우며 크리스마스를 맞이할 준비를 시작한다. 크리스마스란 음식부터 캐럴에 이르기까지 대부분의 사람들로 하여금 모든 것에서 적당한 선을 지키기 어렵게 만드는 하나의 거대하고도 벅찬 축제처럼 느껴질 수도 있다. 하지만 대림절은 그에 비해 훨씬 차분한 라곰식 축제라고 할 수 있다. 그런 까닭에 많은 스웨덴 사람들이 실제로 크리스마스 자체보다도 대림절을 선호한다. 나는 매년 11월 말이 되면 크리스마스 기분을 내기 시작하는데, 그러기 위해서는 대림절 기간 동안 아주 작은 컵에 담겨 나오는 스웨덴식 멀드 와인인 글뢰그가 꼭 필요하다. 외국에 사는 스웨덴 사람으로서 나는 어쩔 수 없이 스스로 글뢰그 만드는 법을 배워야 했다. 글뢰그는 무알콜 버전부터 매우 강한 코냑 버전에 이르기까지, 아주 다양한 방식으로 만들 수 있다. 난 여기서 소개하는 과일 향기를 풍기는 와인 글뢰그가 꽤나 라곰스럽다고 생각한다.

분량: 작은 컵 15개 정도

레드와인 75cl 1병
무가당 사과주스 250ml
건조생강뿌리 작은 것 2개 혹은
껍질 벗긴 신선한 생강 2.5cm 1개
말린 등피 껍질 1개
시나몬 스틱 2개
정향 10개
카다멈 꼬투리 1/2 티스푼

서빙 시 :

건포도
하얀 통아몬드

서빙 분량을 뺀 모든 재료를 냄비에 넣고 하얀 증기가 올라올 때까지 낮은 불에서 가열한다. 이때 냄비에 담긴 와인이 절대 끓어 넘지 않도록 주의하며 자주 젓는다.

충분히 데워지면, 불을 끄고 뚜껑을 덮은 뒤 밤새도록 놓아 둔다.

서빙 직전에 다시금 살짝 데운 다음 건포도와 하얀 아몬드 몇 개를 부려 작은 컵에 담아낸다.

그리고 "스칼(Skål)!" 하고 외치며 건배한다!

라곰 스타일링:
디자인, 패션, 인테리어

"나쁜 날씨는 없다. 단지 나쁜 옷이 있을 뿐."이라는 오래된 스웨덴 속담이
있다. "장식은 범죄요, 형태는 목적과 기능을 따른다."는 원칙을 내세운
기능주의는 패션쇼 무대에서부터 디자인 부티크에 이르기까지 언제나
스웨덴 사람들의 디자인 전통을 관통해 온 주제이다. 그런데도 그들은
어떻게 해서 모든 것을 그토록 스타일리시하게 보이도록 만드는 걸까?

3

스웨덴의 디자인 전통
– 세련된 친환경 기능주의

"가구 디자이너에게 1,000달러짜리 책상을 디자인하는 것은 쉬운 일이다. 하지만 실용적이면서도 보기 좋은 50달러짜리 책상을 설계하는 것은 오직 최선을 다할 때만 가능하다." 이는 IKEA(이케아)의 창립자인 잉바르 캄프라드(Ingvar Kamprad)가 한 말이다. 스웨덴의 거대 가구기업인 IKEA는 납작하게 포장한 독창적인 조립식 "플랫 팩" 가구 시스템, 그리고 60평방미터 남짓한 공간에서 도시적인 가정생활을 꾸려 나갈 수 있는 팁과 요령을 제공하며 순식간에 전 세계로 퍼져 나갔다. 하지만 나는 그 같은 평판이 항상 좋았던 것만은 아니라는 사실을 깨닫게 되었다.

오래가는 디자인

스웨덴 밖의 세상에서는 일반적으로 '싼 게 비지떡'이라는 생각이 널리 퍼져 있는데, 이는 IKEA를 유행에 민감하고 한철 사용하고 나면 버려도 그만인 디자인 문화의 근원으로 보는 견해에 한몫했다. 나는 IKEA 역사상 가장 많이 팔린 빌리(Billy) 책장(88쪽 참조)에 둘러싸여 자랐다. 그 가운데 일부는 내가 태어났을 때 이미 우리 집에 자리하고 있었고, 또 어떤 것들은 독립할 때 가지고 나온 것도 있다. 그래서 사실 나는 IKEA에 덧씌워진 그 같은 이미지에 동의하지 못한다. 일찍이 캄프라드가 말했듯, 그저 "IKEA에서는 자원을 낭비하는 것이 커다란 잘못"일 뿐이었다.

그러나 스웨덴의 디자인 전통은 IKEA보다도 훨씬 더 오래전으로 올라간다. 브루노 마트손(Bruno Mathsson)과 아스트리드 상빼(Astrid Sampe)는 전후 시대에 일대 파문을 일으켰고, 그 뒤 사회 지향적인 디자인 스타일이 점차 강해졌다. 1993년, 나무로 만든 친환경 가구를 휴머니즘적, 유기적, 실존주의적으로 접근할 것을 선언한 노르가벨(Norrgavel)이 문을 연 친환경 정신은 이제 거스를 수 없는 현실이 되었다.

스웨덴의 하이스트리트 패션 기업인 H&M은 전 세계에 4,000개 이상의 매장을 갖고 있다. 어느 매장에서든지 옷을 재활용하면 다음 번 구매에 사용할 수 있는 쿠폰을 준다.

패션이 라곰의 뒤를 따르다

한편 패션계에는 H&M, 위크데이(Weekday), WeSC, 아크네 스튜디오 (Acne Studios), 타이거 오브 스웨덴(Tiger of Sweden), 로데비에르 (Rodebjer), COS, 부메랑(Boomerang), 필리파 케이(Fillippa K) 등 저렴한 브랜드부터 고급 브랜드에 이르기까지 대표적인 이름들이 자리 하고 있다. 패션계 또한 선구적 가구 인테리어 업체들과 유사한 디자인을 추구한다. 특히 최근 들어 유니섹스나 에이젠더의 경향이 급부상하고 있다. 또한 많은 브랜드들이 쓰고 버리는 일회적 태도에 대한 적극적인 반대의 일환으로 좀 더 튼튼하고 유기적인 제품들을 출시하고 있다.

H&M은 IKEA와 유사한 이유로 종종 평가절하되곤 하는데, 실제로 2011년부터 단계적으로 유해 화학물질의 사용을 축소해 오며 2020년 까지 오염된 폐수를 외부로 배출하지 않고 자체 처리해 재사용하는 "무방류 시스템(zero discharge system)"을 완성시킬 계획이다. H&M은 재사용과 재활용을 통해 완벽히 환경 친화적인 기업이 되고자 하는 것이다. 스웨덴 패션 협회도 올해 스웨덴 패션 윤리 헌장을 선언하면서 친환경 산업으로의 정착을 위한 또 한 걸음을 내디뎠다. 이 선언문은 모델과 광고 에이전시, 스타일리스트와 디자이너에 이르기까지 좀 더 사회적이고 친환경적인 산업으로 자리 잡을 수 있는 가이드라인을 제시한다.

친환경적 전통

스웨덴 디자인은 오늘날 여러 면에서 라곰과 적절히 부합된다. 혁신적이고 진취적인 면과 자랑스러운 전통 사이에서 조화롭게 균형을 잡으며, 가격에 관계없이 기능성과 지속성을 우선시하기 때문이다. 적절한 가격과 품질이 상호 배타적인 관계가 아니라면, 쓰다 버리면 그만이라는 문화는 아마도 부족한 품질에 대한 반응이 아니라 낮은 제품 가격 때문에 생기는 결과일 수도 있다. 빌리(Billy) 책장은 잘만 간수하면 평생 사용할 수도 있으니까 말이다.

라곰 스타일로 입기
– 멋쟁이 도시인, 자연 애호가, 쿨투르탄트(*kulturtant*)

나 또한 스웨덴 사람이기 때문에 해외에서 스웨덴 사람들을 알아보는 데는 전문가가 되었다. 겉모습은 다르지만 대부분 몇 가지 공통점이 있는데, 가장 중요한 점은 항상 기능성과 편안함을 우선시한다는 것이다. 물론 스타일리시하게 보이는 것도 좋지만 라곰 스타일로 옷을 입을 때는 최고로 세련되게 보이도록 옷을 입는 것만큼이나 편안하게 느껴지는 옷을 입는 것도 중요하다. 또한 손빨래가 필요하다고 적힌 옷이나 플라스틱으로 만든 신발 따위는 선반에 그대로 놔두는 게 좋을 것이다.

멋쟁이 도시인

필리파 케이(Fillipa K) 브랜드의 어둡고 세련되며 고전적인 단순함에, 약간은 젊은 스타일이지만 여전히 스타일리시한 몽키(Monki) 브랜드의 과감한 컷과 프린트를 결합시켜 보자. 그럼 스톡홀름의 트렌디한 소데르말름(Sodermalm)에 있는 멋진 바의 단골손님들처럼 힙하지만 편한 룩이 완성된다. 편안하고 헐렁한 검정 바탕에, 시선을 사로잡는 프린트나 스테이트먼트 스카프, 큼직한 보석류로 장식하고, 금발로 염색한 머리에 새빨간 립스틱을 바르고, 가죽 브로그나 힙한 스니커처럼 편안하고 걷기 좋은 신발을 신은 모습을 생각해 보라.

이런 트렌디한 모습 뒤에는 어느 것과도 잘 어울리는 검정 베이직 아이템에 몇 가지 튀는 아이템으로 이루어진 "캡슐 워드로브(capsule wardrobe)", 즉 최소한의 옷으로 최대의 옷차림을 연출한다는 원칙이 숨어 있다. 불편하거나 작아서 끼는 옷은 없고 오로지 자신이 사랑하는 옷들로만 채워진 이런 캡슐 워드로브가 있다면, 대부분 하이스트리트 체인에서 내놓는 유기농 면제품을 선호하고, 양보다는 질을 우선적으로 선택할 것이다.

리키 리 번

몇 년 전 스웨덴의 한 가수가 유행시킨 "리키 리 번(Lykke Li Bun)"으로 불리는 심플한 상투머리로 무심한 듯 쿨한 룩을 마무리하자. 머리카락이 어깨 정도 길이거나 조금 더 길면 단순하고도 세련된 이 스타일로 손쉽게 꾸밀 수 있다.

별로 놀라운 일은 아니지만 스톡홀름에서는 남성들도 번 머리를 한다. 그렇다, 남자 번이다!

새로운 사실

피엘레벤(Fjällräven)의
신제품인 리-칸켄(Re-
Kånken) 백팩은 100%
재활용 폴리에스테르로
만들어졌다. 가방
하나를 만드는 데
11개의 플라스틱 병에서
추출해 낸 재료가
사용되었다.

스포티한 자연 애호가

밝고 수수하면서도 다채로운 색의 칸켄 백팩으로 잘 알려진 피엘레벤만큼
대자연에 대한 스웨덴 사람들의 사랑을 표현해 주는 브랜드도 그리 많지
않을 것이다. 편안한 청바지와 품질 좋은 바람막이 재킷, 여기에 흰색 또는
하늘색의 셔츠까지 더하면 사무실에도 능히 입고 갈 수 있다.

스웨덴 사람들은 우수한 품질의 기능성 아웃도어 의복을 선호하여
여러 브랜드를 탄생시켰다. 그 결과 하그로프스(Haglofs), 디드릭손즈
(Didriksons), 크래프트(Craft) 그리고 피크 퍼포먼스(Peak
Performance) 등 다양한 선택권을 누리게 되었다. 스케이트보더와
스노우보더라면 누구나 선망하는 브랜드인 WeSC는 품질을 중시하는
스포티 룩에 실용적인 스트리트 스마트 접근 방식을 취하고 있다. 다시 말하면,
스포티 룩을 취한다 해서 반드시 개성을 희생할 필요는 없다는 것이다.

쿨투르탄트(kulturtant) 스타일

라곰이라고 해서 반드시 이도저도 아닌 중도를 취해야 하는 것은 아니다.
특히나 당신이 중년 여성이라면 더더욱 그러하다. 친환경 브랜드인 구드룬
스외덴(Gudrun Sjöden)이 출시된 뒤, 수많은 스웨덴 여성들은 대략
"문화 숙녀"쯤으로 해석할 수 있는 쿨투르탄트(kulturtant) 스타일로
자신을 표현하는 법을 알게 되었다. 대체로 밝지만 자연에서 영감을 받은
색채의 아마나 기타 천연섬유로 만든 헐렁한 옷을 겹겹이 입는 것이다.
삐삐 롱스타킹처럼 줄무늬 타이즈를 신거나, 풍성한 스카프에 큰 반지나
펜던트, 그리고 에코(ECCO) 혹은 캠퍼(Camper) 브랜드의 신발 또는
부츠만 더하면 된다.

쿨투르탄트 룩이 세련된 소데르말름(Södermalm) 스타일과는 거리가
있을지 몰라도, 표현의 자유를 제한하지 않으면서 편안함과 친환경적인
사고를 존중한다는 점에서는 여러모로 라곰적이다.

스타일리스트의 팁

– "편안한 시크함"과 업사이클링 그리고 라곰에의 과감한 접근 방식

안나 리드스트롬
(ANNA LIDSTRÖM)

안나는 어너더 스튜디오 (Another Studio)를 운영하고 있는 디자이너이자 스타일리스트이다. 수많은 수상 경력을 자랑하는 그녀는 광고, 패션, 가정용 가구 및 미술 분야에서 자문가, 디자이너, 스타일리스트이자 강사로 활동하고 있다. 더 많은 도움말을 얻고자 한다면 @anotherblog.se를 확인해 보라.

스웨덴의 패션 아울렛에 직접 가 보지는 못한다 해도 스타일리시한 차림새에 라곰의 마인드를 적용할 기회는 충분하다. 물론 당신이 원하지 않는다면, 굳이 조화를 이룰 필요가 없지만 말이다.

스웨덴 스타일과 "편안한 시크함"

"스웨덴은 패션 국가로서, 다양한 세부 장식과 절제된 재단으로 편안하고도 베이직한 스타일에 무척이나 능합니다. 스웨덴 사람들의 복장은 언제든 바로 야외로 나갈 수 있게 디자인되었기 때문에 우리는 실용적으로 입는 데에 전문가가 되었지요. 우리는 너무 과하지 않지만 약간은 눈에 띄는 라곰 방식을 선호합니다. 그래서 고향에서는 트렌드를 의식하는 이들조차 다소 단조로운 집단처럼 느껴지기도 하지만, 해외에 나가 보면 군중 속에서도 스웨덴 사람들은 한눈에 알아볼 수 있어요. 이런 의미에서 절제된 스타일이 오히려 화려함이 될 수도 있는 것이지요."

라곰 패션

"우리 스웨덴 사람들에게 오랫동안 문화적 위상 같은 것은 그다지 중요시되지 않았어요. 스웨덴 사람들은 의상을 시각적 화려함을 표현하기 위한 도구로 사용하지 않지요. 스웨덴에는 돈을 펑펑 쓸 수 있는 유명 패션 하우스도 없었고, 스웨덴 사람들은 항상 기능주의와 검소함을 미덕으로 생각하며 살아왔습니다. 옷은 꼭 필요하다기보다는 갖게 되면 좋은 소비재쯤으로 간주되었지요. 옷은 모든 이를 위한 것이고, 모든 이를 위한 것이라면 너무 화려하거나 튀지 않는 라곰이어야 하는 것입니다. 이런 방식은 약간 지루할 수도 있지만, 마치 매일이 금요일인 것처럼 좀 더 편하면서도 모두에게 해방감을 주기도 합니다."

스타일리스트가 선사하는 최고의 팁

#1: 옷장 안을 새롭게 바꿔 보자.

패션계가 진보하면서, 옷을 바라보는 당신의 스타일도 바뀔 수 있다. 옷장 안을 좀 더 자주 살펴보되, 남에게 주어 버리는 데만 집중하지 말자. 오래되어 입지 않던 스커트가 독특한 페티코트로 탈바꿈할 수도 있기 때문이다. 자신의 모습을 스냅 촬영하고, 밤새 자면서 생각해 보라. 그럼 당신이 새로 발견한 옷을 평가하는 데 도움이 될 것이다.

#2: 재봉틀의 먼지를 털어 내자.

먼저 단추 다는 법을, 그 다음에는 지퍼 다는 법을 배워 보자. 그러다 보면 오래된 옷을 새 옷으로 멋지게 리폼해 보고 싶다는 용기가 솟아날지도 모른다.

#3: 당신의 캡슐 워드로브를 재평가하라.

계속 입고 싶은 유용한 옷들을 기본으로 갖추고 최소한의 옷으로 최대의 옷차림을 연출하는 것은 훌륭한 일이다. 하지만 그 같은 캡슐 워드로브가 모든 사람들에게도 똑같이 적용될 수는 없다. 누군가에게는 꽃무늬 드레스 11벌이, 다른 누군가에게는 방수가 확실한 왁스 코트와 스니커즈 여러 벌이 기본이 될 수도 있기 때문이다.

#4: "추한 매치"에 대담해지자.

"추한 매치"도 일단은 시도해 보고 잘못됐다면 기꺼이 감수하는 것 또한 자유로운 삶의 방식일 수 있다. 일단은 시도해 보아야만 자신에게 어울리는 개성적인 표현 방식을 찾아낼 수 있고, 자신의 스타일 감각을 알 수 있게 되는 법이다. 그리고 당신이 현재의 트렌드가 추하다고 배척하는 것을 좋아한다는 사실을 깨닫게 될지도 모른다.

절약의 미덕

"스웨덴 사람들은 태생적으로 검소함을 좋아해요. 그래서 우리는 적당한 가격대의 옷을 좋아하고요. 옷에다 돈을 펑펑 써 대는 것은 왠지 천박하다고 생각하거든요. 하지만 그 같은 생각에도 마찬가지로 균형과 조화가 필요해요. 사람들은 흔히 가격을 보고 그 물질의 가치를 평가하곤 하니까요. 똑같이 지퍼가 고장 났다 하더라도, 하이스트리트 체인점에서 산 값싼 코트보다는 아크네(Acne)에서 산 비싼 코트의 지퍼를 고쳐 입을 확률이 아무래도 더 클 테니까 말이죠. 어쨌거나 요즘은 싼 것을 사서 쓰다 전부 갈아 치우는 게 너무나도 쉬워졌어요."

업사이클링과 창의력

"사람들 대부분은 자기 자신의 스타일을 개선하고 싶어 해요. 최근에는 이미 갖고 있는 옷들을 활용해 리폼하는 업사이클링(upcycling) 트렌드가 크게 유행하고 있지요. 이는 이미 옷장 안에 있는 것들을 찾아내 재창조함으로써 빠르게 변화하는 트렌드를 쫓아갈 수 있게끔 도와 줍니다. 이 같은 리믹싱은 디자이너와 소비자 모두에게 득이 되는 흥미로운 방법입니다."

기능주의자의 마음가짐 배우기
– 실용적인 옷장과 합리적인 쇼핑

기능주의자가 되는 법

#1: 옷을 잘 관리하라.

비와 추위를 견디기 위해서는 질 좋은 옷이 필요하다. 그러나 질 좋은 옷을 사려면 많은 돈을 써야 한다. 장기적으로 생각하고 옷과 신발을 소중히 간수하라.

#2: 유행은 잊어라.

장기적으로 내다본다는 것은 잠시 반짝하고 사라지는 유행은 잊고, 진정으로 좋아하는 것을 사는 것이다. 그렇다고 해서 유행을 완전히 무시하라는 말은 아니다.

#3: 편안함을 우선시하라.

발이 까지고 피가 나면 하루를 망치게 된다. 그러니 정말 편안한 신발을 사야 한다. 그러면 좀 더 걷고 싶어질 것이고, 이것이 바로 신선한 공기와 가벼운 운동을 함께 취할 수 있는 완벽한 라곰 방식이다.

"나쁜 날씨란 없다, 다만 나쁜 옷이 있을 뿐이다." 라는 스웨덴 속담을 들어본 적이 있을 것이다. 스웨덴 사람들은 지독하게 추운 겨울 날씨에 관해 관광객들과 대화할 때면 종종 농담 삼아 이 속담을 말하곤 하지만, 그들의 태도만큼은 매우 진지하다. 스웨덴 사람들은 영하의 조건과 극단적인 계절의 변화 속에서 사는 법에 통달했다. 따뜻하게 입는 비결은 옷을 여러 겹 껴입는 것이며, 양털로 짠 울이 사람의 피부와 가장 가깝다는 정도는 모두들 알고 있다. 스타일리시하고 아늑하게 꾸민 집에서 밖으로 나와 날씨의 도전에 정면으로 맞서야 할 때면 능히 그럴 수 있는 옷들로 옷장 안을 채워 놓자. 바로 이것이야말로 극지방에서의 생존을 위한 라곰식 방식이라고 할 수 있다.

처음 외국에 나갔을 때 창문에 온도계가 달려 있지 않은 것에 익숙해지기까지 꽤 여러 달이 걸렸다. 스웨덴 사람들은 계절마다 다른 옷장을 갖추거나, 한 계절 박스를 다음 계절 박스와 맞바꿔 주는 수납 시스템을 다락방에 갖추고 있다. 그렇게 대비하고 사는 사람들에겐 정말이지 나쁜 날씨란 없다. 창문에 달려 있는 온도계만 확인하면 얼마든지 적절한 옷을 골라 입을 수 있으니까 말이다.

수납
– 공간감 창출하기

최고의 팁

복도의 공간을 확보하고
청소를 빠르고 쉽게 하려면
수납공간으로 벽을 활용하라.
세련된 선반, 자석식 나이프와
키홀더, 벽에 거는 신발장 등이
대표적인 예이다.

새로운 사실

1949년, 스웨덴의 출판업자인
보니에(Bonnier)는 스웨덴
사람들이 더 많은 책을 살 수
있도록 실용적인 선반 시스템을
제공하기 위해 대회를 개최했다.
그 결과, 니세 스트리닝
(Nisse Strinning)의 디자인이
당선되었는데, 그 뒤로 스트링
(String) 선반은 디자인계의
아이콘이자 스웨덴 디자인의
영원한 고전이 되었다.

스웨덴의 유명 디자인 브랜드인 스벤스크트 텐(Svenskt
Tenn)의 가장 유명한 가구 중 하나가 19개의 서랍이 달린
요세프 프랑크(Josef Frank)의 캐비닛 881이고, 플랫 팩
조립식 가구 기업인 IKEA의 최장수 품목 중 하나가 빌리 (Billy)
책장이라는 점은 결코 우연이 아니다.
또한 스웨덴의 중고 가구점에서 가장 인기 있는 품목 중 하나가
스트링 선반인 것 또한 우연이 아니다. (왼쪽 하단 참조)
스웨덴 디자인은 미니멀리즘과 깔끔한 라인으로 널리 알려져
있다. 하지만 수납과 정리 정돈이야말로 세련된 룩의 핵심
요소이다.

확 트인 표면은 말 그대로 공간감을 선사할 뿐만 아니라 당신의
마음도 활짝 열어 줄 것이다. 벽을 빽빽이 채운 책장부터
스마트한 계단 밑 수납공간에 이르기까지, 스웨덴 사람들은
정리 정돈의 기술을 라곰식으로 완성시켰다. 테이블과 드러난
표면들은 깔끔하게 유지하면서도 화초나 벼룩시장에서 찾아낸
물건, 가장 좋아하는 책들은 잘 보이게끔 배치한다. 동시에 당신이
미니멀리스트가 되고자 최선을 다한 노력을 헛수고로 만들 수 있는
전선이나 케이블 그리고 열쇠 같은 잡동사니는 감쪽같이 숨겨 놓는
방식으로 말이다.

라곰 홈

– 스웨덴의 친환경적이고 행복한 집에 대한 홈 스타일리스트의 생각

율리아 브란팅

(Julia Branting)

율리아는 스톡홀름 출신의
홈 스타일리스트이자
비주얼 머천다이저이다.

정리 정돈 외에도 집에 라곰식 조화를 가져오려면 어떻게 해야 할까?
집을 스타일링하면서 대부분의 시간을 보내는 진짜 프로가 최고의 팁을
제공한다.

스웨덴 인테리어 장식에 대해

"스웨덴 스타일은 매우 환합니다. 흰색을 많이 쓰고, 회색과 나무로 약간의
디테일을 사용하지요. 개방형 배치와 라미노(Lamino) 팔걸이의자 같은
고전적인 디자인을 떠올리면 됩니다. 한쪽 벽만 다른 색이나 벽지로 장식하는
피쳐 월(feature wall)은 라곰식 인테리어의 구현이지요. 방 전체를 그렇게
하는 것은 조금 과하니까요. 그것이 바로 라곰이에요."

친환경 인테리어 트렌드에 대해

"친환경성을 개선하기 위해 노력하고 환경에 대한 책임을 다하려는
브랜드들이 여럿 있어요. 이런 브랜드에서 구입하세요. 품질 또한 훌륭한
경우가 많으니까요. 스웨덴에는 중고 시장이 활성화되어 있는데, 괜찮은
상태의 고가구와 인테리어 디자인 아이템을 사고파는 아주 좋은 웹
사이트들도 많아요. 친환경 인증을 받은 페인트와 벽지도 구입할 수 있고요.
친환경은 이제 누구도 거스를 수 없는 트렌드이지요."

수납에 대해

"흔히들 수납을 필요악이라고 생각하지만, 이 또한 얼마든지 방의 일부로
만들 수도 있어요. 벽 전체를 장식한 책장이나 선반, 현대식 모듈 방식으로
조합해 짜 놓은 찬장, 또는 침대 밑에 서랍을 놓는 것이 그 좋은 예들입니다."

무드를 살려 주는 인테리어에 대해

"당신이 정말 좋아하는 가구와 색으로 장식된
중립 지역을 지정하세요. 그러면 기분이나 계절에
따라 변화를 주거나 디테일을 바꿀 수 있지요.
정리 정돈은 스트레스를 줄이는 데 아주 중요합니다.
제가 권하는 최고의 팁 중 하나는 편안히 쉬고
재충전할 수 있는 공간을 하나쯤 만드는 것입니다."

라곰의 아늑함
– 공예, 색조, 진정한 아늑함 받아들이기

최고의 팁 #1

뜨개질이나 휴대가 가능한 공예를 시작해 보자. 마음이 차분해지는 진정 효과는 중독성이 강할 뿐만 아니라, 지루한 시간도 빨리 지나간다. 또한 당신의 집은 누구나 따라 할 수 없는 개인적인 취향을 갖추게 될 것이다.

최고의 팁 #2

부모님이나 조부모님의 다락방을 훑어보자. 아주 단순한 커피 테이블, 금방이라도 부서질 것만 같은 오래된 발판 의자 등이 흥미로운 이야깃거리가 담긴 매력적이고 특색 있는 인테리어 소품으로 변신할 수 있다.

미니멀리즘 노르딕 가정을 꾸미는 데는 단순한 흰색이 가장 안전하지만 최근의 트렌드는 다소 저속한 색조나 질 낮은 대중적 키치를 선호하는 반발적 경향을 보이고 있다. 짙은 녹색으로 칠한 벽, 자수 쿠션, 오래된 장식품들로 가득 찬 선반을 생각해 보자. 비록 아늑하고 친근하게 느껴지지는 몰라도, 적어도 라곰의 조화를 표현하고자 할 때 딱히 먼저 떠오를 만한 것들은 아닐 것이다.

검소하고 소박해지기

오늘날의 인테리어 디자인은 자연스러우면서도 아늑한 느낌을 추구한다. 할머니의 다락방을 뒤져 발견한 어린 시절의 가구를 이용해 새 제품을 만들면서 공예 실력을 뽐낸다면 큰 지출을 하지 않고도 집에 개성을 더할 수 있다. 바라보기만 해도 편안하고 마음이 따뜻해지는 집과 더불어, 훼손되지 않은 행복한 환경까지 보너스로 갖게 된다.

혜택 누리기

기본으로 돌아가자는 운동이 한창인데, 그 효과는 말로 다할 수 없다. 뜨개질은 대바늘이건 코바늘이건 어느 것이나 휴대가 가능하고 마음을 가라앉히는 진정 효과도 크다. 집에서 뜨개질한 담요는 집에 개성을 더하고, 물려받은 수공예품, 사진 액자, 오래된 램프는 뿌리와 전통의 느낌을 선사한다. 혹시 조부모님이 필요 없는 것은 모두 다 내다 버리는 타입이었고, 당신 또한 출근길에 뜨개질을 하기보다는 밀린 블로그를 읽는 유형이라면, 빈티지 상점과 벼룩시장도 괜찮다. 환경적 이득과 아늑함은 그대로 누릴 수 있으니까.

로쁴스 트렌드
– 신선한 공기, 친구, 친환경적 거래

대부분의 도시인들은 벼룩시장이 자신만의 고유한 패션과 문화를 좇는 힙스터들이 주말마다 향하는, 도시에서 가장 트렌디한 지역이라고 생각한다. 그러나 대부분의 스웨덴 사람들에게 로쁴스(loppis, 벼룩시장을 뜻하는 loppmarknad의 줄임말)에 가는 것은 신선한 시골 공기를 가득 마시는 경험을 수반한다. 벼룩시장 순례는 친구와 함께 단순하지만 색다른 무언가를 할 수 있는 기회이면서, 쇼핑이 주는 소비라는 강박관념을 제거한 완벽한 라곰식 여가 활동이다.

최고의 팁

동네 벼룩시장으로 가는 일정을 하루 여행으로 바꿔 보자. 비록 좋은 흥정은 못했더라도 많은 영감을 얻을 수 있을 것이다. 무엇보다 중요한 것은 친구들과 의미 있는 시간을 보내는 좋은 방법이라는 점이다.

슬로 쇼핑에 동참하자

로쁴스에 따라 귀한 중국 골동품이나 고전적인 디자인 제품 등 광장한 물건을 발견할 수도 있다. 물론 그러기 위해서는 테이블 위의 고물 더미를 꼼꼼 살펴봐야 하지만, 그 또한 경험의 일부이니 재미라고 생각하면 된다. 디자인 가게에서 물건을 사는 것은 쉽지만, 먼지 덮인 크고 작은 잡동사니 속에서 원하는 물건을 찾아내는 데는 투지와 인내가 필요하다.

그러나 더 중요한 것은 로쁴스 경험이 단순한 쇼핑 그 이상의 것이라는 사실이다. 친구와의 하루 여행, 신선한 공기와 자연, 도시 밖으로 나가기 위한 자전거 하이킹, 헛간 까페에서 즐기는 커피와 번처럼 로쁴스에 수반되는 모든 것들 속에 진정한 매력이 깃들어 있다.

많은 연구 결과에 따르면 물건을 사는 데서 얻는 행복은 그리 오래 지속되지 못한다. 그러므로 구매 결과보다는 쇼핑의 과정을 중시하며 더 많은 시간을 할애하는 것이야말로 멋지고 즐거운 일이다. 빈손으로 돌아왔다면, 집은 달라질 것이 없겠지만 당신의 기분은 한껏 상쾌해져 있을 것이다.

라곰 필링:
헬스와 웰빙

운동에 대한 스웨덴식 접근 방법을 알아보고,
대자연을 사랑하는 법을 배우자. 그리고 왜 라곰 필링
곧 라곰식으로 느끼기가 지속적인 행복의 비결인지
알아보자.

가식 없는 운동

– 스웨덴 전역에 퍼지고 있는 움직임

새로운 사실

52만 6,000명 이상의 회원을 보유한 프리스키&스베티스(Friski&Svettis)는 스웨덴 국민의 5%가 넘는 이들의 마음을 사로잡았다.

최고의 팁

근방에 프리스키&스베티스 클럽이 없거나 이웃이 많지 않아도 얼마든지 가식 없는 운동을 할 수 있다. 벨리 댄스부터 공원에서 맨손체조하기에 이르기까지, 당신에게 맞는 것을 찾아서 즐기면 된다.

어느 화창한 일요일 아침, 스웨덴의 도심 공원을 거닐고 있는데 갑자기 어디선가 최신 기타 히트곡이 크게 들려온다고 생각해 보자. 그리고 나무 너머로 남녀노소를 불문하고 다양한 사람들이 한데 모여 위아래로 뛰며 다 같이 손을 흔드는 모습을 보고 있다고 말이다.

프리스키&스베티스의 회원 수는 약 50만 명 이상으로, 현재 런던, 파리, 브뤼셀 같은 도시에서도 운영되고 있다. 이 클럽이 추구하는 가치는 좋은 기분을 만끽하고 재미있는 시간을 보내는 것이며, 전형적인 헬스클럽에서 볼 수 있는 화려한 시설 없이 수업이 이루어진다. 여러 면에서 이 클럽은 라곰의 완벽한 본보기이다. 비싸지 않고 사교적이며 유연하고 건강하다. 또한 당신이 참여해 같이하면 그뿐, 입고 간 운동복을 보고 당신을 판단하거나 당신의 동작이 잘못되었다는 이유로 당신을 비웃을 사람은 없을 것이다.

지역사회의 새로운 계획

스웨덴 사람들이 재미를 우선시하는 모습은 프리스키&스베티스 외에도 여러 곳에서 찾을 수 있다. 내 친구는 스웨덴 중심부의 한 작은 마을에 살고 있는 세 자녀의 엄마인데, 최근 자신이 살고 있는 지역사회의 야외 헬스클럽 운영에 관한 글을 소셜미디어에 올렸다. 이웃들이 일주일에 두 차례씩 저녁 시간에 풀밭에서 만나 군대식 훈련부터 조깅 또는 가벼운 축구에 이르기까지 모임의 주제를 돌아가며 고안해 낸다는 내용이었다. 이웃들이 모두 운동을 하러 밖으로 나가는 것을 알게 되면 누구든 운동을 미룰 확률이 적어질 것이다. 그리고 그토록 필요했던 엔도르핀을 만끽하며 1시간 동안 사람들과 즐겁게 어울리는 보상을 받게 된다. 당신이 이웃이나 친구에게 걷기 운동을 같이하자고 제안했던 적은 언제인가?

이동에 대한 생각 바꾸기
– 라곰 방식으로 여정 즐기기

내가 절대로 잊지 못할 우리 가족 이야기가 있는데, 그것은 당시 시장에서 제일 좋다고 소문난 커피메이커를 할인된 가격으로 구매하기 위해 자전거를 타고 10여 킬로미터나 떨어진 상점에 갔던 아버지의 이야기다. 아버지는 한 시간가량 줄을 서서 기다린 끝에 마지막 커피메이커를 산 뒤, 술집에 들러 무거운 크래프트 맥주까지 가방 가득 담아 가지고 집으로 돌아오다가 그만 자전거 타이어가 터져 버렸다. 이 이야기는 자세한 내용보다 교훈이 더 중요하기 때문에 정확히 어떻게 이야기가 끝났는지는 잘 기억나지 않는다. 어쨌든 갑자기 비까지 쏟아지기 시작했고, 커피메이커를 싸게 사서 돈을 아낀 아버지로서는 집으로 돌아가는 버스를 타느라 20스웨덴 크로나를 쓴다는 것은 생각할 수도 없는 일이었다. 결국 아버지는 어떻게든 집으로 돌아오셨다. 비에 홀딱 젖은 모습이긴 했지만 스웨덴 사람으로서 긍지는 지킨 채로 말이다.

풍경이 좋은 노선을 택한다

이 이야기는 다른 무엇보다도 돈에 대한 아버지의 태도에 대해서 잘 말해 주고 있다. 하지만 딱히 급하게 사야 할 것이 없는데도, 혹은 누군가가 태워 주겠다고 제안했는데도, 아버지가 쏟아지는 비를 맞으며 상점까지 걸어갔던 건 그때뿐만이 아니었다는 정도로만 말해 두겠다. 내가 하려는 말의 요지는…, A지점에서 B지점까지 가는 길에는 그 어떤 상황이나 사건도 일어날 수 있는 무한한 가능성이 열려 있다는 것이다. 그리고 라곰의 마음가짐을 가지면 그 여정에서 운동과 경험 두 가지를 모두 얻고, 환경 친화적인 방식으로 돈도 절약할 수 있다는 점이다.

물론 아버지의 방식은 적절하게 운영될 때 가장 좋은 것이겠지만, 중요한 점은 이동을 어쩔 수 없이 해야만 하는 필요악으로 보는 대신, 완전한 경험의 일부로서 받아들이자는 것이다. 게다가 새로운 동네와 예쁘고 특이한 집들을 발견할 수 있다면, 심지어 어머니까지 동참할지도 모른다.

야외 라이프스타일 용어 사전
– 운동과 대자연에 대한 라곰 접근법의 단서

스웨덴 사람들은 공원에서 하는 운동과 걷기 여행에 대한 열정 이상으로 자연을 사랑하고 존중한다. 아무리 깔끔하게 정돈되고 설계가 잘된 집이라 하더라도 야외에서 마시는 신선한 공기와 재미있는 여가 시간 없이는 라곰이라고 할 수 없다. 스웨덴 사람들이 어떻게 그 균형을 이루는지 단서를 발견해 보자.

스포트로브(Sportlov)

처음 아일랜드로 이주했을 때는 "중간 방학(half-term)"이라는 말이 무슨 의미인지 몰랐다. 결국 중간 방학이 곧 스웨덴에서는 "스포츠 휴가"라고 불리는 스포트로브임을 깨달았다. 스포트로브는 전쟁 시기에 학교 난방비를 절약하기 위해 학생들을 한 주 쉬도록 하면서 시작되었다. 주로 겨울 스포츠 같은 활동들을 했고, 스포츠 휴가를 연장해야 할 때면 그 무렵에 유행하는 병균을 들먹이며 정당화했다. 그리고 이 휴가는 전염병이 퍼지는 것을 예방하기 위한 방편으로도 사용되었다("돌봄의 2월" 파브루아리를 기억하는가? 29쪽 참조).

오늘날, 스포트로브는 여느 휴가와 마찬가지로 평범한 휴가가 되었다. 휴가 동안에 무엇을 하는지 통제할 수도 없는 노릇이고 휴가를 반드시 집 밖에서 보내야 한다는 법도 없지만, 많은 스웨덴 사람들은 전통을 존중해 크로스컨트리 스키를 즐기거나 눈밭에서 뛰노는 등 스포트로브를 야외에서 함께 즐길 수 있는 기회로 삼는다. 스포트로브는 무엇이든 하고 싶은 대로 할 수 있는 크리스마스와 부활절 휴가 사이의 대략 중간쯤에 있으며, 어떤 날씨든 신경 쓰지 않는 라곰의 태도로 신선한 공기와 신체 활동의 균형을 어느 정도 유지할 수 있다. 결국 나쁜 날씨는 없고 단지 나쁜 옷만 있는 것이니까.

스웨덴어로 모션(motion)을 번역기에 입력하면 영어로 "exercise(운동)"와 "motion (활동)"이 나온다. 흥미롭게도 모션은 이 둘을 묘사하기 어렵게 섞어 놓은 것이지만, 정확히는 둘 중 그 어느 것도 아니다. 모션은 라곰만큼이나 번역하기 쉽지 않지만, 스웨덴 문화에 대해서는 라곰만큼이나 많은 것을 말해 준다.

만약 당신이 스웨덴 사람이라면 내려야 할 목적지 두 정류장 전에서 버스가 고장 났을 때, 그 덕분에 조금이나마 모션을 할 수 있게 되었으니 다행이라고 말할 수도 있다. 그리고 출근 전에 30분씩 걷기 운동을 하거나, 딱히 운동이 아니라고 해도 이미 어떠한 모션을 하고 있을 수도 있다. '모션을 한다.'는 것은 움직임이 일어나고 있다는 뜻으로, 이것은 전적으로 건강하고 좋은 움직임을 말한다. 모션을 하면 맥박이 올라가고 심지어 땀이 날 수도 있지만 킥복싱 수업이나 마라톤 훈련을 설명하기 위해서 모션이라는 말을 사용하지는 않는다. 모션은 라곰식 운동이기 때문이다.

대부분의 스웨덴 사람들이 모션이라는 단어를 들으면 자연 속에 있는 모습들을 떠올린다는 사실은 많은 것들을 말해 준다. 호수에서 수영을 하거나 숲을 산책하는 것이 몸과 마음의 건강에 모두 좋다는 건 대부분 알고 있다. 그러나 모션이 격렬한 움직임이 아니라 가볍고 부드러운 움직임이란 걸 고려하면, 우리가 모션을 위해 따로 시간을 낼 필요도, 가능성도 적다. 바로 그 때문에 라곰 문화가 필요하다. 라곰 문화를 통해 모션을 건강한 라이프스타일의 통합된 일부로 만들 수 있기 때문이다.

프리루프트슬리브(Friluftsliv)

해석이 불가능한 또 다른 말 프리루프트슬리브는 야외 활동에 관한 오랜 북유럽식 철학을 담고 있다. 프리루프트슬리브는 조직적이거나 그렇지 않거나 야외에서 벌어지는 모든 오락과 여가 활동을 일컬으며, 스포츠로브에서 큰 몫을 맡는다. 프리루프트슬리브를 많이 하는 이들은 숲에서 시간을 보내며 들새 관찰, 채집, 캠핑 등 모션 또한 많이 하게 된다. 야외와 관련된 것이라면 무엇이든 신성시하는 점만 제외한다면, 그 어떤 극단적인 것도 없다. 단지 완벽히 라곰식으로 밖으로 나가 인터넷 접속을 끊고 자연과 연결되는 것뿐이다. 백팩을 둘러메고 트래킹 부츠를 신으면 준비 완료다!

알레만스레텐(Allemansrätten)

알레만스레텐은 가족과 캠핑할 때 텐트에서 쫓겨나지 않을 권리 그 이상의 것이다. 알레만스레텐은 자연에 접근할 헌법상의 권리로서(54쪽 참조), 누군가의 집 마당에서 캠핑하는 것만 아니라면 거의 아무런 제약 없는 접근권을 보장하여 수영, 자전거, 야생화를 마음껏 즐기도록 허용한다. 그럼에도 라곰 정신과 일맥상통하는 이유는, 이러한 자유에 "방해하지 말고 파괴하지 말 것"이라는 확실한 책임이 뒤따른다는 점 때문이다. 이것이야말로 매우 건강한 타협 아닐까?

야외 활동 받아들이기
– 그 어떤 기분과 계절에도 어울리는 활동

눈 던지기 할 사람?

유키가센(Yukigassen)은
일본에서 기원한 눈싸움
대회지만, 매년 스웨덴 북부의
룰레아(Lulea) 지방에서
챔피언 대회가 개최되고 있다.
이 게임은 방패가 달린 특수한
유키가센 헬멧을 쓴 각 7명의
선수로 이루어진 두 팀이
코트에서 대결하며, 눈으로
만든 공에 맞은 선수들이 탈락해
코트 밖으로 쫓겨나는 방식으로
진행된다. 선수들은 게임을
위해 미리 90개의 눈 뭉치를
만들어 놓는다. 또, 따뜻한
날씨를 선호하는 사람들을 위한
물총놀이도 있다.

자연에의 접근권을 보장해 주는 법으로부터(105쪽 참조), 나쁜
날씨란 존재하지 않는다는 속담에 이르기까지(86쪽 참조),
스웨덴 사람들의 자연 사랑은 여러 가지 방법으로 나타난다. 모든
계절마다 할 수 있는 야외 활동이 있기에 프리루프트슬리브(105
쪽 참조)를 원한다면 아주 다양한 선택을 할 수 있다.

스스로에게 도전하라

팀 스포츠를 원하는가? 그럼 옛날 방식대로 아이스하키나
축구를 하거나 혹은 "바이킹 체스"라고도 불리는 컵(kubb)을
조용히 한판 두어 보라(오른쪽 참조). 홀로 나가는 야외 활동이라면,
크로스컨트리 스키를 타거나 산악조깅을 하며 숲을 탐험해 보는
것도 좋다. 만약 아드레날린이 솟구치는 경험을 찾고 있다면
래프팅을 시도해 보거나 친구에게 제대로 된 눈싸움을 하자고
제안해 보는 건 어떨까?

느긋하거나 명상적인 대안들

제대로 긴장을 풀고 싶다면 바비큐 파티를 계획해 친구 몇 명을
초대하라. 가능하다면 아이들을 위해 적당한 크기의 에어풀장도
준비하기를 권한다. 마음을 다스리고 싶다면 책과 요가 바지 그리고
담요를 갖고 공원으로 가라. 또한 겨울이라면 뜨거운 코코아 한 잔을
직접 만들어 마시고, 눈이 내릴 때는 햇살 좋고 바람 없는 장소에
자리를 잡고 앉아 눈을 감아라.

컵(*KUBB*)을 하자!

컵은 나무 블록을 가지고 놀이터에서 벌이는
게임으로, 중앙의 킹 블록이 무너지기 전에
상대편의 블록 또는 컵을 먼저 넘어뜨리면 이긴다.
'바이킹 체스'라고도 불리는 이 놀이는 공원에서
보내는 게으른 하루 내지 생일 피크닉의
프로그램으로 적합한 게임이다.

드라마 없는 삶

– 온전히 느끼고 정서적으로 안정된 사람으로 기르기

2017년 세계 행복 보고서(World Happiness Report)에서 스웨덴은 9위를 차지했다. 꽤 괜찮은 등수이기는 하지만 그렇다고 굉장한 정도는 아니다. 그러나 이 상황에 몇 가지 지표를 더해 보자. 예를 들어 신뢰 측면에서 스웨덴은 오랫동안 그래 왔던 것처럼 특별히 높은 점수를 기록했다. 또 OECD의 더 나은 삶의 지수(OECD Better Life Index)에 의하면 스웨덴은 건강, 삶의 만족도, 안전, 일과 삶의 균형, 환경 같은 목록에서 특히 높은 점수를 받았으며 주로 잘 사는 것과 관련 있는 요소들에서 높은 점수를 받았다. 행복과 관련된 상황을 어떤 의미로 이해하든 이쯤 되면 우리는 스웨덴 사람들이 평균적으로 매우 지속적인 행복을 즐기고 있다고 충분히 가정할 수 있을 것이다.

라곰의 인생관

어린이 책의 주인공 알폰스 알버그(Alfons Ålberg)가 말했다. "사는 게 언제나 즐거우면 즐거운 게 무엇인지 깨닫지 못하죠. 그래서 가끔은 지루해질 필요도 있어요." 인생에 대해 이보다 더 라곰스러운 관점을 찾는 것은 결코 쉽지 않을 것이다. 어린이 책 분야를 벗어나서도 알폰스의 주장에 동의하는 심리학자와 연구자들이 많이 있다. 이는 인생의 복잡함을 인정하는 것이 심리적인 행복을 위해 꼭 필요하다는 사실뿐만 아니라, 지나칠 정도로 희망적인 마음가짐은 안일함에 빠지거나 위험을 무시하게 만들 위험을 내포하고 있음을 보여 준다. 스웨덴 사람들이 극도로 행복하기보다는 안정적인 사람들로 묘사되는 경우가 더 많다는 사실 또한 우리에게 무언가 생각할 만한 것을 시사하고 있다.

나체와 호들갑쟁이

그럼 알폰스가 주는 교훈은 무엇일까? 감정에 대한 라곰의 본질적인 접근 방식은 모든 감정을 다 받아들이되, 그 중 어느 한 감정에만 지나치게 몰입하지 않는 것이다. 공포와 감정적 충동을 조금이나마 덜 과장되게 받아들여야 어떤 행동을 금하거나 꺼리는 터부가 무의미하게 보이고, 어려운 문제에 대해 이야기하기도 수월해진다. 가령, 섹스와 나체를 예로 들어 보자. 많은 스웨덴 어린이들은 "종이 친구"라는 의미의 어린이 잡지 캄랏포스텐(Kamratposten)을 읽으며 자라는데, 이는 1892년부터 정신적, 신체적, 성적 건강에 대한 주제를 이해하기 쉬운 방식으로 다뤄 왔다. 또한 최근 만화로도 만들어진 1960년대 아동문학의 주인공인 토테는 친구인 말린과 함께 그들의 신체가 어떻게 다른지 보기 위해 옷을 벗기도 한다.

라곰의 정서적 삶은 내면의 공포와 최악의 순간에 대해 모바일 메신저 스냅챗으로 수다를 떨거나 집 안을 나체로 돌아다니는 것(스웨덴 사람들이 할 법한 일이기는 하지만)과는 거리가 멀다. 스웨덴 사람들은 눈에 띄는 행동을 하거나 자랑을 일삼는 이들을 비난하는 얀테의 법칙(11쪽 참조)에서 벗어나고는 있지만 과장하거나 호들갑 떠는 사람들을 무척이나 싫어하는 건 여전하다. 그러나 어느 정도는 직설적인 방식도 필요하다. 우선 명칭을 제대로 부르는 것부터 시작하면 좋다. 그 대상이 당신의 우울증이든 자녀의 신체 부분이든 간에 말이다. 그리고 놓아 버리는 법을 연습하는 것 또한 도움이 될 것이다. 명상과 상자 호흡은 (113-114쪽 참조) 놓아 버리기 훈련에 도움이 되며, 공포에 직면하는 것 또한 좋은 점이 많다. 당신을 두렵게 하는 상황으로 걸어 들어가 완전한 자기 것으로 만드는 것만큼 우리를 천하무적의 상태로 만드는 것은 없다. "공포를 느껴라. 그리고 그럼에도 도전하라!" 작가 수잔 제퍼스(Susan Jeffers)는 그렇게 주장했다.

라곰 평형 얻기

마지막이지만 역시나 중요한 것은 행복을 어떻게 정의하는지에 대한 생각이다. 기대치의 힘은 강력하다. 당신의 목표가 끓어오르는 희열이라면 인생의 대부분을 실망스럽게 여기게 될 것이다. 라곰의 시각에서 볼 때, 지속적인 행복을 위해서는 해결 지향적인 자세로 문제를 인정하고 아는 것만큼이나 일상생활에서 차분하고 행복한 작은 순간들을 만끽하는 것이 중요하다. 직설적인 언어의 사용과 호들갑스러운 태도를 자제하면 다양한 감정과 경험에 적절히 대처할 수 있게 될 것이다. 드라마 없이도 말이다. 자, 그럼 친구와 커피 한 잔 하면서 섹스에 대해 얘기해 보는 것은 어떨까?

스웨덴 심리학자의 라곰에 대한 견해
– 왜 효과가 있고 무엇을 해야 하는가

에리카 스탠리
(ERIKA STANLEY)

에리카는 스톡홀름에 기반을
두고 있는 심리학자이다.

상자 호흡

상자 호흡 혹은 정사각형 호흡은
증상이 나타날 때마다, 또는
매일 할 수 있는 불안감 해소
기법이다.

편안한 자세로 앉은 뒤, 숨을
들이마시며 넷까지 센다. 다시
넷까지 셀 동안 숨을 참고 있다가
다시 넷을 세면서 입을 통해
숨을 내쉰다. 4초를 기다린 뒤에
멈추거나 반복하면 된다.
"정사각형 호흡"이라는 명칭은
명상에서 벗어나지 않도록
4면이란 시각적 가이드를
제시한다는 의미이다.

문화적 차이는 차치하더라도, 당신의 내적 독백 그리고 감정과
감정적 경험을 처리하는 방법은 세상 어느 곳에서 살고 있는가와
관계없이 크게 달라질 수 있다. 스웨덴 심리학자가 정신 건강에
대해 라곰식으로 접근해 설명한 예를 알아보자.

왜 라곰인가?

"정동 이론(affect theory)에서는 우리 모두가 기본적으로
보편적인 정서 상태를 갖고 있고, 정서와 경험으로 얻은 감정이
인생을 항해하는 데 있어 마치 나침반처럼 방향을 제시한다고
봅니다. '정동(affect)'이란 감정 또는 정서로, 머리와 행동의 괴리
현상을 분석하는 데 유용한 개념이지요. 그런데 우리가 자신의
감정을 억누르거나 과민 반응하도록 배우고 경험하면
이 나침반은 제대로 작동하지 않습니다.

올바른 결정을 내리기 위해서는 감정에 완전히 지배되지 않는
가운데 특정한 것에 대해 어떻게 느끼는지를 알아야 합니다.
그래서 자신의 감정을 라곰 방식으로 만나는 것은 정신 건강은
물론, 올바른 결정을 내리는 능력이 향상되도록 도와줍니다. 이렇게
올바른 균형을 찾는 것, 즉 억제하도록 배웠던 감정들을 발견해
내고, 과잉 반응하는 경향이 있다면 감정을 다스리고 숨기는 법을
배우는 것이 상담 치료의 목적입니다."

부모를 위한 팁

애착 이론(attachment theory)에는
"충분히 좋은"이라는 개념이 있는데, 이는
라곰과 매우 유사하다. 또한 아이들이
부모로부터 라곰만큼의 보살핌을 받으면
안정적으로 잘 자란다는 것을 의미한다.
충분치 못한 보살핌이 안 좋다는 것은
너무도 당연한 사실이지만, 너무 과도한
보살핌도 역효과를 낳을 수 있다.

너무 완벽한 인간이자 부모가 되면
자녀들에게 좌절과 역경을 어떻게 극복해야
하는지 보여 주는 모델이 될 수 없다.
지나치게 노력할 필요가 없다는 사실은
그러므로 위안이 될 수도 있을 것이다.
또한 부모가 너무 완벽하면 자녀들이
성취 불가능한 이상을 추구하게 되고,
그렇게 살기 위해 인생 전체를 소비한 결과
자존감이 낮아지는 위험도 있다. 그러니
역시 라곰이 최고다!

명상 시도하기

명상은 "개인적인 판단 없는 지금
이 순간의 인식"을 목표로 우리가 바꿀 수
없는 것들을 받아들이도록 도와준다.
그 밖에도 우울증 재발을 예방하는 데
도움이 되는 등 여러모로 유용함이 증명되어
왔다. 명상은 인식과 인정을 통해 당신이
경험한 것을 믿도록 도와주고, 당신의 모든
경험과 감정을 받아들이는 진짜 삶을
살도록 용기를 준다.

주의가 필요한 예

"극도의 피로와 탈진을 생각해 봅시다. 이것은
실질적으로든 정신적으로든 혹은 감정적으로든
지나친 야망과 너무 많은 일이 정신 건강을 해쳐
정신 질환으로 이어지게 된다는 사실을 보여 주는
좋은 사례입니다. 처음 일을 시작할 때 얼마나
긍정적이고 흥미로우며 재미있게 느꼈었는지는
중요하지 않습니다. 균형을 찾는 것이 중요합니다.

자기 자신의 중심을 찾는 방법은 상자 호흡이나
감정을 밀려왔다 빠져나가는 파도라고 상상하기 등
무궁무진합니다. 개인적으로 나는 걱정이 될 때면
미래의 나 자신을 상상하며 이 문제에 대해 미래의
내가 걱정하고 있을지 자문하고는 합니다. 대부분의
경우 전혀 그렇지 않을 것이라는 답을 듣게 되고,
이로써 나는 더 멀리서 사물을 볼 수 있게 됩니다."

인정과 학습에 대해

"무엇이든 "고정된 사고방식"이 아니라 "성장하는
사고방식"의 측면에서 생각하는 것이 도움이
됩니다. 계획대로 일이 풀리지 않을 때는 실패를
인정하는 연습의 기회로 삼으세요. 여태까지
배운 것을 깊이 생각해 보고 다음에 시도할 때
반영한다면, 다음번에는 아마도 훨씬 더 잘 풀릴
겁니다."

라곰 어울리기:
친구, 클럽, 이웃

스웨덴 사람들은 처음에는 내성적으로 보일 수 있지만,
클럽과 협회, 그리고 좋은 이웃 관계를 통해 각별히
신뢰할 수 있는 나라를 만들었다.

침묵과 무뚝뚝함
– 기능주의적 언어와 정직함

라곰 말하기

문화와 언어는 불가분의
관계여서 언어와 관련된 실험은
특별히 주의가 필요하다.
그럼에도 불구하고 정직함이나
생각하고 말하기에 대해서는
할 말이 많다. 지나치게 공손할
정도의 주의나 경계는 종종
혼동과 오해, 다른 이들의
시간 낭비로 이어질 수도 있다.
당신이 진정 말하고자 하는 바를
간결하면서도 요령 있게
전달하는 방법을 찾아보라. 그럼
모두가 당신을 존중할 것이다.

듣는 법 배우기

라곰 말하기를 연습할 때는
한 걸음 물러서서 듣는 법을
배워야 한다. 잘 듣는 사람이
되면 매우 강력한 힘을 갖게 된다.
친구들의 사랑을 받게 될 뿐만
아니라, 더 원활한 소통을 할 수
있기 때문이다.

스웨덴 동료와 마주쳤을 때, 가볍게 "어때? 잘 지내지?" 하고
물어보라. 그럼 그들은 가던 걸음을 멈추고 지금 자신의 기분이
솔직히 어떤지, 그 이유는 무엇인지 자세히 이야기해 줄 것이다.
이는 스웨덴 사람들이 말을 들은 그대로 받아들인다는 사실을
보여 주는 좋은 예이다. 솔직한 대답을 원하지 않는다면 왜 내게
안부를 묻겠는가? 그러니 당신이 방금 산 옷이 어떠냐고 스웨덴
친구에게 묻기 전에, 거짓말을 끔찍이도 못하는 그들은 생각하는
그대로 말한다는 사실을 꼭 기억하라.

공손한 영국식 표현이나 일상적인 구문을 번역해서 사교적이고
정중한 언어의 의미를 해독하도록 도와주는 페이스북 밈(meme)을
사용해 본 적 있는가? 그런데 스웨덴에는 밈이 없다. 그 이유는
그럴 필요가 없기 때문이다. 스웨덴 사람들은 그들이 말하고자 하는
바를 숨기기 위해 시간을 낭비하거나 불필요한 단어들을 소비하지
않는다. 예-아니오 질문에는 예-아니오 대답만 한다. 단지 그뿐이다.
스웨덴 사람들을 무뚝뚝하다고 말할 수는 있겠지만, 적어도 그들
때문에 시간을 허비했다고 비난할 일은 없을 것이다.

스웨덴에서는 "보이는 그대로"의 방식으로 언어에 접근하는데,
이는 얀테의 법칙이나 자기 자신에 대해 말하는 걸 지나칠 정도로
싫어하는 그들의 성향(11쪽 참조)과도 꽤 연관이 있다. 하지만
침묵이란 어색하다고 받아들일 때만 정말 어색한 것이다. 이를
뒤집어 생각해 보면, 스웨덴 사람들이 당신에 대해 묻기 시작한다면
이는 곧 그가 당신에게 진정으로 관심을 갖고 있다고 생각하면 된다.

집에 있는 것이 더 좋아
– 편안하고 경제적이며 라곰스럽기 때문에

스웨덴에서는 술집 문화가 발달하지 않아서일까, 아니면 스웨덴 사람들이 본래 집에서 어울리기를 좋아하는 성향 때문일까? "집이야말로 세상에서 제일 소중한 곳"이라고 자랑스럽게 선언한 IKEA에게 물어보라. 아니면 두 가지 사실 모두 있는 그대로 받아들이고, 라곰 스타일로 어울리는 법을 배워 보자.

피카(40쪽 참조) 플레이 데이트와 생일 파티(68-69쪽 참조)부터 악명 높은 포르페스트(forefest ; 하룻밤을 밖에서 놀기 전에 먼저 집에서 파티를 여는 것)와 여름철 바비큐 파티에 이르기까지, 스웨덴 사람들은 친구를 집으로 초대하는 것을 비교적 좋아하는 편이다. 모임은 간단하고 편안하게 이루어지는데, 부모들은 즉흥적으로 친구의 집에 들러서 레고 더미 옆에 앉은 아이들에게 마카로니와 미트볼을 먹이며 그동안의 소식을 주고받곤 한다. 그와 달리, 각자 조금씩 나눠서 준비해 온 포틀럭 음식들과 맥주를 즐기며 유로비전 송 콘테스트를 시청하거나 빙고와 카드 게임을 즐기다 헤어지는 경우처럼 모임을 미리 꼼꼼하게 준비할 수도 있다. 어쨌거나 둘 다 집이 주는 편안함, 모임을 가질 수 있는 여유, 그리고 혼자 준비해도 될 만큼 부담이 없다는 매우 라곰적인 공통점을 갖는다.

성공을 위한 레시피

집에서 갖는 모임을 성공적으로 치르기 위해서는 당신과 당신이 맞이하게 될 손님들을 연결시켜 주는 것이 무엇인지를 찾아야 한다. 만약 같은 축구단을 응원한다면 다음 축구 경기를 같이 시청하자고 초대한다. 공동의 관심사가 문학이라면 독서 모임을 만들어 사람들을 초대하고 커피를 마시며 책에 관해 토론하자고 제안하는 것도 좋다. 그러나 단지 귀여운 아기 침대를 자랑하거나 부러움을 살 만한 요리 솜씨를 뽐낼 핑계를 찾고 있다면 말할 나위 없이 큰 파티가 좋을 것이다. 단, 답례로 다른 사람의 파티에도 초대받고 싶으면 기대치를 너무 높이지 않도록 주의하라.

클럽에 가입하기

– 스웨덴식으로 유대하기

웰쉬먼 딜런 윌리엄스(Welshman Dylan Williams)의 다큐멘터리 영화 스토리빌 : 싱크 오어 스윔(Storyville: Sync or swim)이 BBC에서 처음 방영되던 날, 사랑을 위해 스웨덴으로 이주했던 윌리엄스가 스웨덴 사회에 적응하려면 클럽에 가입해야 한다는 정보를 들었던 장면이 기억난다. 그래서 그는 스웨덴의 유일한 남성 싱크로나이즈드 수영 팀에 가입했고 그에 관한 영화를 제작하게 되었다고 한다.

스웨덴 사람들은 그룹이나 협회 등 몇 가지 간단한 규정 아래 조직된 모임이라면 무엇이든 좋아한다. 민주주의 권리가 선언되었던 1800년대 이후로 민중운동은 스웨덴 사회에서 오랫동안 아주 중요한 것이었다. 금주운동과 노동자운동은 초기부터 중요시되었고, 약 100년 전부터는 협회와 스터디 그룹을 통한 민중 교육이 스웨덴식 민주주의 모델의 초석이 되었다. 현재에도 3명 이상으로 구성된 스터디 서클에는 만나서 함께 공부할 수 있도록 공적인 지원금이 지급된다.

새로운 사실

스웨덴에서는 60만 명의 스웨덴 사람들이 정기적으로 합창 모임에 참여하고 있다. 스웨덴은 인구당 합창단 수가 전 세계에서 가장 높다.

왜 클럽에 가입하는 것이 라곰인가

대부분의 사람들에게 북 클럽, 팀 스포츠 또는 캠페인 그룹처럼 규칙적으로 하는 그룹 활동은 사교적인 측면을 가지고 있다. 차마 혼자서는 하지 못하거나 하기 싫은 것도 그룹 활동을 통하면 쉽사리 실천하게 된다. 그뿐만 아니라, 마음이 맞는 사람들을 만나는 기회가 되기도 한다. 여러 면에서 클럽은 매우 *라곰적인* 핵심 가치, 즉 개인의 성취보다는 경험을 공유함으로써 얻는 즐거움을 중요시하며, 집단을 특히 강조한다. 또한, 그룹 활동을 하면 옥시토신 호르몬이 분비되어 스트레스를 줄이고 정신 건강을 증진시켜 준다는 연구 결과도 있다.

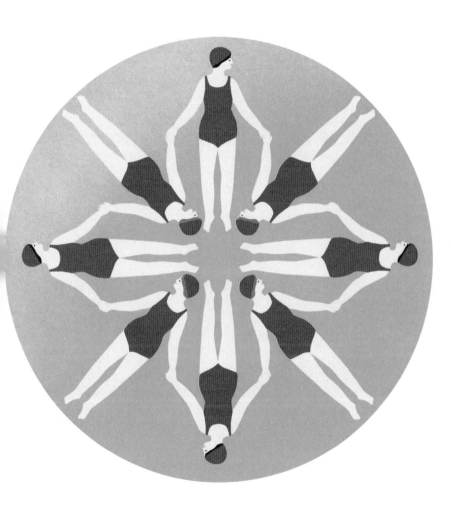

라곰 친구들
– 계획하기와 단순한 360도 우정

새로운 사실

스웨덴 사람들은 매우 강한 공동체 의식을 갖고 있다. 그런 이유로 그들 가운데 92%가 필요할 때 의지할 수 있는 사람이 있다고 여긴다.

피란크링스프로세센(Förankringsprocessen, 22쪽 참조)이라는 개념을 기억하는가? 나는 어느 정도는 이 같은 공식적인 업무 방식이 사회적이거나 개인적인 영역에도 비공식적인 방식으로 존재한다고 확신한다.

집단적 만족의 기술

집단적 만족, 이는 스웨덴 사람들에게는 상식이자 무언의 규칙이다. 스웨덴 사람들은 식사 시간으로 언제가 좋을지, 무엇을 먹을 것인지, 어디로 어떻게 갈 것인지를 서로에게 묻는다. 이는 일종의 보증이다. 모두에게 의견을 물으면 나중에 누구도 불평할 수 없고, 모두는 집단적 만족이 보장된 것으로 알고 안심할 수 있다. 이 방식은 불편하거나 복잡할 것이 전혀 없기에, 대부분은 매우 효율적이고 적절하다고 여길 것이다. 스웨덴 친구들을 생각할 때 제일 먼저 떠오르는 특징은 놀라울 정도의 단순함이다. 그리고 모임이 결정되면 어느 누구도 빠지지 않고 모두가 동참할 거란 사실을 안다.

절제의 지혜

스웨덴 사람들은 종종 내성적이라고 불리곤 하는데 어느 정도는 사실이다. 그러나 스웨덴 사람을 제대로 알려면 집으로 초대해서 피카를 나누든가(40쪽 참조), 클럽에 참가하거나(122쪽 참조), 피크닉에서 만나 컵을 해보라(107쪽 참조). 그러면 그들의 절제된 라곰 태도가 어떤 장점을 갖고 있는지 알게 될 것이다. 스웨덴 사람들은 360도 관계를 맺는다. 즉, 일단 당신이 사는 곳을 알게 되면 그들은 당신의 부엌을 자유롭게 드나들기 시작할 것이다. 그러고는 당신에게 솔직한 생각을 말해 줄 것이다. 언제나, 그리고 어떤 호들갑도 떨지 않고 말이다.

스웨덴 사람들의 이웃 관계
– 단체 청소와 공용 세탁실

최고의 팁 #1

잔디밭에서 파티를 열어라. 간단하게 음식을 준비해 이웃들을 초대하자. 그냥 가만히 있으면 이웃과 절로 가까워지지 않는다. 담소와 간단한 음식으로 시작해 보자.

최고의 팁 #2

사람들 눈에 띄는 곳에 주민 도서함을 만든다. 안내지를 붙이고, 사람들이 대출하고 반납할 수 있도록 책 몇 권을 놓아둔다. 행동으로 얻는 신뢰보다 더 좋은 것은 없다.

최고의 팁 #3

먼저 도움을 요청한 뒤, 답례로 도와주겠다고 제안한다. 많은 사람들이 도움을 주는 것보다 요청하는 것을 더 힘들어한다. 그러니 당신이 먼저 이웃에게 문을 열어 주면, 그들도 도움이 필요할 때 당신을 찾을 가능성이 높다.

신뢰와 공동 책임이라는 의식을 바탕으로 이루어진 스웨덴에서 아파트 단지를 소유하고 관리하는 주체가 주택협동조합이라는 것은 그다지 놀라운 일이 아니다. 조합은 재산세와 주요 개수 및 보수 공사부터 공용 세탁실 유지 관리까지 거의 모든 것을 담당한다. 따라서 이러한 조합에 소속된 아파트를 구매하면 동시에 공동 책임까지 구매한 셈이 된다. 예를 들어 봄맞이 대청소에도 반드시 참여해야 한다.

그렇다고 미리부터 겁먹을 필요는 없다. 대청소의 날이 언뜻 떠오르는 것처럼 그렇게 지루한 것만은 아니기 때문이다. 어쩌면 화단에 거름을 주고 울타리를 정리하다가, 한 손에는 커피, 다른 한 손에는 가위를 든 채, 새로 만난 이웃과 축구 이야기를 나누고 있는 자신을 발견하게 될지도 모른다. 그리고 어쩌면 그날이 가기 전에, 또 다른 이웃의 부엌에 앉아 밤 술 한 잔을 기울이고 있을 수도 있다.

신뢰를 바탕으로 행동하기

일주일 전에 세탁실을 미리 예약하는 것부터 공동 쓰레기 수거 비용을 부담하는 것까지, 모든 것들은 신뢰 속에서 이뤄진다. 대부분의 국제 행복지수 순위에서 자기 자신을 행복하다고 여기는 사람들은 선출된 대표에 대한 신뢰만큼이나 동료 시민에 대한 신뢰 수준 또한 높은 것으로 나타났다. 이웃들이 봄맞이 대청소에 동참할 것이고 세탁실을 깔끔하게 사용할 것이라고 믿는다면, 당신은 그만큼 더 행복해질 것이다. 누구인들 믿을 만하고 좋은 이웃을 원하지 않겠는가? 그렇다. 짐작했겠지만 연구 결과 역시 좋은 이웃 관계가 우리를 더 행복하게 해 준다고 말한다.

가장 라곰적인 휴일

– 비가 오든 해가 떴든 캠핑카에 올라타자.

새로운 사실

스웨덴은 주민 1만 명당 292대의 캠핑카가 있을 만큼, 유럽에서 캠핑카 밀도가 가장 높은 국가이다.

유대가 중요하다.

캠핑에서 맺는 유대는 아름다운 것이다. 어쩌면 케첩이 떨어져 이웃에게 빌려 달라고 해야 할 수도 있고, 혹은 당신의 아이들이 풀밭 건너편의 이웃 아이들과 친구가 될 수도 있다. 어쩌면 한잔 한 당신이 기타를 집어 들고 늦게까지 깨어 있는 올빼미족들에게 같이 노래하자고 권할지도 모르는 일이다.

누군가 휴가를 캠핑카에서 보낸다고 했을 때 비웃었던 기억이 난다. 그러다가 아이들이 태어났고 어느 정도 자랐을 때 모든 것을 캠핑카에 던져 넣은 뒤 휴가를 떠났다. 출발한다는 생각이 해방감을 주는 것인지, 아니면 나이가 들면서 내가 점점 더 스웨덴 사람이 되어 가고 있는 것인지는 알 수 없다. 어쨌거나 캠핑카 휴가 혹은 후스바근세메스터 (*husvagnssemester*)야말로 라곰식 휴가의 절정이다.

단순한 즐거움

다른 이들이 비행기를 타고 태국으로 향하는 사이, 캠핑카를 타고 시골길을 달려 비행기 탑승 마일리지를 줄이는 행동은 친환경 운동에 동참하는 것과 같다. 또한 당신은 좁은 기내에서 기다릴 필요 없이 미리 골라 놓은 캠핑장에 이내 도착한다. 캠핑장에 따라 호수와 아이스크림을 파는 간이매점, 미니 골프 코스, 놀이터, 그리고 공용 샤워장과 화장실 등이 두루 갖춰져 있으니 전혀 불편할 것이 없다. 어디를 가든지 낭비를 완벽하게 차단하는 것이 라곰이다.

자연으로 돌아가기

발리 여행이 휴가계의 포르쉐라고 한다면, 캠핑카 휴가는 볼보와도 같다. 화려하거나 럭셔리하지 않을 뿐더러 허세와는 거리가 멀다. 하지만 당신이 여름휴가에서 원하는 것이 자연에서 긴장을 풀고 가족과의 시간을 보내는 것이라면, 캠핑카 여행은 바로 당신이 꿈꾸던 휴가일 것이다.

원하지 않는 친절과 공용 샤워장이 신경 쓰인다면 다른 선택을 해도 된다. 다도해의 어느 외딴 섬에 있는 작은 집이나 가까운 바닷가 오두막으로 떠나는 여행도 충분히 라곰이 될 수 있다.

지구를 위한 라곰:
환경과 친환경적 삶

의식 있는 소비자가 되고, 물질적 소유를 더 가볍게
대하면 환경을 보호하는 친환경적인 삶을 살 수 있다.
지구를 위해 라곰으로 살아보자.

6

라곰으로 생각하고 친환경 실천하기
– 환경 의식은 스웨덴식 사고방식의 일부

친환경에 관한 스웨덴식 사실들

• 스웨덴에서는 전체 생활 폐기물 중 단 1%만이 쓰레기 매립지에 버려지고 나머지는 재활용되거나 열, 전기 또는 자동차 연료를 생산하는 데 사용된다.

• 재생 가능한 에너지원이 총 에너지 생산의 52%를 차지하고, 그중 95%는 수력 에너지이다.

• 스톡홀름은 유럽연합 최초의 유럽환경수도(European Green Capital)였다.

• 스웨덴에서는 전체 알루미늄 캔의 90%가 재활용된다.

재활용 쉽게 만들기

재활용은 결코 어려운 일이 되어서는 안 된다. 당신에게 어울리는 시스템을 찾아 노력하면 재활용품 분류는 곧 제2의 천성처럼 쉬워질 것이다.

학교에서 오존층 파괴에 대해 배웠던 게 아마도 열 살 때쯤 이었던 것 같다. 칠판에 지구를 방패처럼 둘러싼 오존층과 그것에 부딪혀 튕겨 나가거나 뚫고 지나가는 자외선을 화살로 표현한 그림이 아직도 기억난다. 그때 남극의 빙하가 녹고 있으며, 북극곰이 곧 멸종될 거라는 이야기와 오존층 파괴의 주범이 에어로졸 스프레이를 포함한 프레온가스 때문이라는 설명을 들었다. 그날 이후로 평소 외모에 관심이 많은 여자 아이들조차 체육 수업이 끝나고 샤워한 뒤에 헤어스프레이를 쓰지 않기 시작했다. 그 누가 북극곰을 죽여 없애고 싶겠는가?

재활용 습관 들이기

아마 재활용에 대해서도 배웠을 테지만, 무슨 까닭에서인지 내게는 오존층처럼 선명하게 기억에 남아 있지는 않다. 재활용에 관한 내용이 첫 페이지에 나와 있지도 않았고, 순수하고 귀여운 동물들의 멸종과 어떤 관계가 있는 것인지도 명백히 설명되어 있지 않았기 때문인 듯하다. 그럼에도 재활용은 비록 느리지만 확실하게 스웨덴 일상생활에서 자연스러운 한 부분이 되어 갔다. 곳곳에 폐휴지를 따로 모아 버리는 수거함이 나타났고, 보통의 스웨덴 사람들도 퇴비 만드는 법에 대해 배우기 시작했다. 재활용을 장려하기 위해 유리병과 알루미늄캔에 부과되는 반환 보증금 또한 이미 스웨덴 사람들의 의식과 습관 속에 깊이 자리 잡게 되었다. 재활용을 습관적으로 실천하는 실제적인 사례로 사람들은 유리병에 든 탄산음료를 상자째 구매해서 다 마시고 난 뒤 병을 도로 상자에 담아 슈퍼마켓에 들고 가 재활용한다.

당신이 보고 싶은 변화를 스스로 만들자

철저하게 재활용하는 것이 힘들다거나 가까운 상점에도 커다란 SUV자동차를 타고 갈 수밖에 없을 수도 있다. 그러나 모든 변화의 첫 단계는 태도이며 새로운 생각을 표준으로 만들어야 비로소 태도의 전환이 이루어진다. 자신의 재활용 습관에 대해, 그리고 왜 당신이 버스나 자전거를 타는지 사람들에게 알려 주어라. 그리고 너무 적지도 너무 많지도 않은 라곰의 측면을 강조해라. 조금만 하는 것은 누구에게나 쉬운 일이다!

친환경 대의에 헌신하기

내가 좀 더 나이를 먹었을 때, 어느 시민 단체가 추정상 터무니없이 높게 책정된 스톡홀름 시내의 대중교통 요금에 반대하는 캠페인을 벌이면서 사람들에게 항의의 표시로 무임승차할 것을 권장했던 적이 있었다. 처음에는 그들의 주장이 옳다고 생각했다. 하지만 실제로 얼마나 많은 사람들이 그 같은 생각에 동의하는지에 대한 통계는 밝히지 않은 채, 자신이 옳다고 믿는 시스템만을 고집하는 것 또한 그다지 좋은 생각은 아니라는 반대 주장을 들었을 때, 내 생각도 바뀌었다.

이 이야기는 일반적인 선을 넘지 않는 스웨덴 사람들의 태도, 특히나 대중교통을 사용하는 그들의 태도에 대해 많은 것을 시사한다. 물론 여느 규칙과 마찬가지로 예외도 존재하겠지만, 나는 대체로 월요일 아침 8시 스톡홀름의 스웨덴 사람들처럼 자발적이고 만족한 대중교통 통근자들을 본 적이 없다. 그들은 모두 합심해야 한다는 것을 알고 그에 따른다. 모두가 한 배를 탔다는 것, 그리고 대중교통이 더 푸른 세상을 만드는 데 중요한 것임을 모두가 알고 있다.

스웨덴에서는 플라스틱 포장을 피하고 유기농 대안을 선택하는 것이 다른 어느 곳에서보다 더 깊이 뿌리를 내릴 수 있었다. 그건 그만큼 냉소를 덜 받았을 뿐 아니라 바로 이것이 우리가 살아가야 하는 방식이고, 합심한 노력이 있을 때 비로소 진정한 가치가 있다는 무언의 합의가 이루어졌기 때문이다. 비록 사회의 모든 구성원은 아닐지라도, 적어도 주류에서만큼은 말이다. 그런 점에서 스웨덴 사람들이 일반적으로 다른 나라 사람들에 비해 훨씬 더 믿음직하다는 것은 분명하다. 이웃도 동참할 것이라고 믿지 못하면 왜 수고스럽게 재활용을 하고 퇴비 만들기를 하겠는가?

친환경 용어 사전
– 라곰식 친환경 라이프스타일을 위한 스웨덴 용어

소비 습관에서 라곰의 균형을 찾으려면 마음가짐부터 바꿔야 한다. 스웨덴 사람들이 마음가짐을 바꾸는 데 도움이 되었던 습관과 체계를 간단하게 설명한 용어들을 통해 환경과 공생하는 라곰 관계로 나아가려는 당신도 작은 영감을 얻길 바란다.

쾹스톱(KÖPSTOPP)

쾹스톱은 우리가 구매하는 것의 상당 부분은 실제로 필요한 것이 아니라는 사실을 인정하고, 주어진 기간 동안 그 어느 것도 사지 않겠다고 마음먹는 것이다. 어떤 사람들은 한 달 동안 식품을 제외하고는 아무것도 사지 않기로 약속한다. 이를 통해 돈을 절약하고 환경을 보호할 뿐만 아니라, 심지어 현대 소비사회의 생활 방식으로부터 해방되는 자유를 느낄 수도 있다.

플라스트반타(PLASTBANTA)

언어민속연구소(The Institute of Language and Folklore)가 발표한 2014년 신조 스웨덴어 목록에는 대략 '플라스틱 해독' 정도로 해석될 수 있는 환경지킴이 플라스트반타가 새로 등재되었다. 플라스트반타란 물건을 사기 전에, 지금 사려고 하는 상품의 대안으로 플라스틱이 아닌 다른 대체재가 있는지 생각해 보는 것이다. 소프트 플라스틱으로 만든 완구는 엄청난 양의 독성과 화학물질을 함유하고 있는 것으로 알려졌다. 그러니 가능하다면 나무나 대나무 또는 스테인리스강을 선택하자. 플라스트반타는 당신이 어느 곳에 살건 일상생활에서 조금씩 쌓아 나갈 수 있는 습관이며, 그 덕분에 당신과 가족이 건강해질 것이다.

새로운 사실

온도 조절 장치를 1도만 내려도 난방비를 약 10% 줄일 수 있다.

LED전구는 일반 백열전구에 비해 비싸지만 전력 소비량이 약 50% 이상 적으며, 사용 수명 또한 20배나 더 길다.

"음식부터 옷에 이르기까지
모든 것을 중량 단위로
살 수 있는 상점들이
나타나기 시작했다."

새로운 사실

음식부터 옷에 이르기까지 모든 것을 중량 단위로 살 수 있는 상점들이 나타나기 시작했다. 본인의 유리병, 금속 용기, 가방을 갖고 가기만 하면 된다! 영감을 얻고 싶다면, 스웨덴 최초의 포장 없는 식료품 상점인 그람 말뫼(Gram Malmö)를 확인해 보라!

판타(PANTA)

스웨덴 슈퍼마켓에 가면, 사람들이 빈 캔과 유리병을 가방과 상자에 가득 담고 재활용 기계 앞에 줄 서 있는 장면을 자주 볼 수 있다. 판타는 알루미늄캔과 플라스틱 병을 구매할 때 제품 가격의 일부로서 지불해야 하는 보증금으로, 라벨에 명확하게 표시되며 캔이나 병을 재활용할 때 돌려받는다. 가난한 학생들이 행복한 파티 호스트가 될 수 있는 건 스웨덴 사람들이 하우스 파티에 자신이 마실 음료를 직접 들고 가는 경향(이것이 바로 포르페스트이다, 121쪽 참조)과 함께 이와 같은 판타 덕분일 것이다.

오움프!(Oumph!)

오움프는 최근 스웨덴 슈퍼마켓에 등장한 수많은 채식주의자 및 완전 채식주의자들에게 매우 인기를 끌고 있는 육류 대체품이다. 현재 스웨덴에서는 약 10%의 사람들이 채식주의 식단으로 식사를 하고, 3분의 1 정도는 지금보다 육류 소비를 크게 줄이고 싶다는 의사를 표명했다. 스톡홀름의 트렌디한 바 중 하나인 쇠드라 테아테른(Södra Teatern)은 최근 모든 메뉴를 채식으로 바꾸었다. 그뿐 아니라 손님들로 하여금 요리에서 고기를 빼도록 주문하는 대신, 기본 채식 메뉴에 고기를 추가하는 방식으로 주문하게 했다. 또한, 여러 슈퍼마켓에서도 소비자들에게 자발적으로 고기를 덜 먹을 것을 적극 권장하고 있다. 오늘날, 점점 더 많은 환경지킴이들이 육류 산업은 전 세계적으로 가장 위협적인 환경 위험 요인이라고 주장하고 있다. 그러니 "고기를 먹지 않는 월요일"을 "고기 먹는 월요일"로 바꾸고 나머지 6일은 채식주의자 혹은 완전 채식주의자가 되어 보는 건 어떨까?

스웨덴 환경지킴이의 증언

– 친환경 실천하기, 지속 가능한 친환경적 습관,
그리고 집에 영혼 불어넣기

안겔리카 크람넬
(ANGELIQA CRAMNELL)

안겔리카(28세)는 행동과학을
전공하고 있으며 건축 엔지니어인
토비아스(32세)와 결혼했다.
현재는 두 딸 미란다(5세),
유디트(2세)와 함께 스웨덴
중심부의 어느 마을에 있는
1930년대에 지어진 주택에서
살고 있다.

4인 가족이 불필요한 지출을 피해 친환경을 실천하며 아늑한
집에서 사는 건 불가능한 이야기일까? 의식 있는 소비, 책임감 있는
재활용, 친환경주의를 추구하는 라곰 라이프스타일과 함께라면
가능하다.

환경지킴이 되기

"나는 12세 때 정육업계에서 동물들이 어떻게 다루어지는지에 대한
다큐멘터리를 보고 아주 강한 인상을 받았어요. 그리고 바로 그날
채식주의자가 되어 이제 16년이 되었네요. 토비아스와 아이들은
채식주의자가 아니지만, 대개 저와 함께 채식 요리들을 먹습니다.

처음에 채식주의자가 된 것은 윤리적 이유 때문이었지만, 얼마
지나지 않아 친환경적인 삶을 선택하는 것은 그와 함께 중요한 다른
이유들도 있다는 사실을 깨달았습니다. 고기로 비롯된 우리들 삶의
방식이 전 세계적으로 환경에 얼마나 중요한 영향을 미치는지에
대한 인식으로 확대되었지요.

미란다가 태어나자 친환경적 삶을 살고자 하는 우리의 계획은 한층
더 중요해졌어요. 나는 플라스틱 장난감이 환경에 미치는 영향을
알고 나서는 플라스트반타(Plastbanta)를 실천하며 나무로 된
친환경 장난감이 아니면 사지 않게 되었습니다. 우리는 직접 오트밀을
만들었고 유기농 플란넬 셔츠를 입었으며, 결국에는 우리가 먹을
음식을 스스로 기를 수 있는 큰 정원이 딸린 오래된 집을 샀지요.
그리고 다양한 종류의 베리와 과일, 야채를 직접 기르고 있는데
아이들도 좋아하며 파종에서 수확까지 모든 과정에 참여합니다."

개성 있는 친환경적 인테리어를 위한 안겔리카의 팁

#1: 이미 갖고 있는 것을 약간 변경해 사용한다.

꼭 살 필요가 없는데도 새로운 물건을 너무 많이 사고 있다는 생각이 종종 들어요. 우리 집에만 해도 다른 용도로 사용할 수 있는 물품이 정말 많거든요. 캔으로는 훌륭한 화분과 랜턴을 만들 수 있고, 오래된 상자는 화분이나 수납 상자 내지 공룡 장난감 집으로 사용할 수 있지요.

#2: 중고품을 산다.

무언가 꼭 사야 한다면 먼저 중고 매장부터 살펴보세요. 중고를 산다고 반드시 더 싼 건 아니지만, 분명 친환경적인 선택이기도 하고 정말 매력적일 때가 많거든요. 중고 램프를 사면 내게 오기 전에 그 램프 불빛 아래에서 어떤 대화들이 오고갔을지 상상하는 것도 즐거운 일이에요. 다시 말해 우리 집에 영혼을 더하는 거지요.

IKEA의 친환경 계획에 대해

"한 친구가 내게 IKEA에서 친환경적 라이프스타일에 대한 소비자들의 경각심을 고취시키기 위해 "같이하는 친환경" 또는 "홀바라 이홉(hållbara ihop)" 프로젝트를 진행한다고 말해 줬어요. 나는 그 말을 듣고 IKEA가 우리들의 생활 방식에 친환경적 의식을 어떻게 불어넣을 생각인지 알아보기 위해 그 프로젝트에 지원했지요.

참가자들은 LED전구로 바꾸고 음식물 쓰레기와 물의 소비를 줄이는 등, 우리의 탄소발자국 즉 이산화탄소 배출량을 줄이기 위한 여러 과정을 생활 속에서 실천했어요. 물론 대부분은 우리가 이미 해 오던 것들이었지만 더욱 개선시키기 위해 노력했고, 특히 음식물 쓰레기를 많이 줄이게 되었지요. 또 IKEA와 협력하여 재활용을 최적화시켰고, 집 지하에 완전히 새로운 재활용 시스템을 만들었습니다."

구매 한도 쾁스톱(köpstopp)에 대해

"작년 겨울 무렵에 장난감이나 옷 등 새로 생산된 제품의 구입비가 많이 늘었다는 걸 깨닫게 되었어요. 하지만 아이들이 야외 구조물이 있는 친환경 유치원에 다녔기 때문에 겉옷이 빨리 닳았고, 그만큼 자주 바꿔 줘야 했기 때문에 옷값 지출을 줄이는 것은 힘든 일이었지요. 하지만 그래도 무언가를 해야만 했습니다.

우리는 아이들의 외투를 바꿔 줘야 할 때를 제외하고는 절대 아무것도 사지 않기로 결정하고 최소한 세 달간 완전한 쾁스톱을 실천하기로 약속했어요. 물론 어느 순간에 이르러서는 어쩔 수 없이 구매 제한을 깨야 했지만 애초 생각했던 것보다 훨씬 쉬웠고, 그만큼 우리의 소비 습관은 크게 개선되어 있었습니다."

사기 전에 생각하라
– 친환경적인 소비 습관을 위한 최고의 팁

당신이 사는 곳에 재활용 시설과 대중교통이 부족하다고 해서 안달할 필요 없다. 친환경적 소비 습관은 구매하는 물품과 구매 방법을 검토하는 것에서부터 시작할 수 있다.

플라스틱? 고맙지만 사양한다.

비록 집에 있는 플라스틱 제품을 전부 내다 버릴 수는 없더라도 굳이 더 사들이지 않도록 노력하자. 대나무나 나무 혹은 금속 대체제를 찾아보고 음식 포장지 또한 확인해 보라.

중고품을 구매한다.

중고품 상점에는 상태도 훌륭하고 저렴한 물건들이 가득하다. 중고품을 사면 재정에도 도움이 되고, 무엇보다 탄소발자국을 줄였다는 점에서 기쁨이 클 것이다.

자동차는 집에 두고 오자.

우리 대부분은 자동차 없이도 일주일 치의 장을 볼 수 있다. 만약 자전거를 타고 가서 쇼핑할 상황이 아니라면 집까지 배달해 주는 곳이 있는지 찾아봐라. 대부분의 슈퍼마켓에서 제공하는 온라인 쇼핑은 기름값과 주차비를 아낄뿐더러 미리 계획해 구매할 수 있게 해 준다.

10까지 세기.

"레크나 틸 10(Räkna til 10)" 즉 "10까지 세기" 캠페인은 무언가를 사거나 버릴 때 먼저 10까지 셀 것을 권한다. 10까지 세면서 그것이 정말 필요한지, 아니면 고쳐 쓸 수는 없는 것인지 다시 한 번 생각해 보고 결정하자는 것이다. 오늘 당장 시도해 보자!

대량 구매를 피해야 할까?

당신은 하나를 사면 두 개를 덤으로 주는 품목을 많이 사놓는 편인가? 연구 결과 대량으로 구매하는 사람들이 더 많이 낭비하는 것으로 나타났다. 대개는 현실적인 계획이 없는 상태에서 좋은 의도를 갖고 대량 구매를 하게 되는데, 전 세계적으로 인간이 소비하기 위해 생산하는 모든 음식 가운데 약 1/3이 폐기된다는 점에서 충분히 고려해 볼 만한 문제이다. 그러니 넉넉하지만 많지 않게, 라곰만큼 사라. 그리고 정말 더 필요할 때 다시 쇼핑하면 된다.

자유와 유연성
– 물질적 소유를 가볍게 여기는 태도의 장점

가벼운 라이프스타일의 세 가지 장점

#1: 가벼운 라이프스타일은 습관적인 것으로, 마치 소비사회에 의해 형성된 패턴을 제거하기 위해 뇌를 재프로그래밍하는 것과 같다. 달리기를 한 뒤에는 케이크보다 당근이 더 먹고 싶어지듯, 정리 정돈을 하고 나면 쇼핑이 그다지 매력적으로 느껴지지 않을 것이다.

#2: 많은 물건이 사라지고 나면 공간이 절약되고 물건을 더 쉽게 찾을 수 있어서 상당한 시간을 절약할 수 있다. 그뿐 아니라 청소도 식은 죽 먹기가 된다. 또한, 평화로운 공간은 평화로운 마음에 도움이 되기 때문에 독창성이 높아지는 경험을 하게 될 가능성도 높아진다.

#3: 치우는 것과 미니멀리즘을 좋아하는 사람들은 대부분의 잡동사니가 사라지고 나면 대개 물질적 소유보다는 경험에 집중하려고 한다. 많은 사람들에게 이러한 명상은 돈으로도 살 수 없는 강한 해방감을 준다.

의식적으로 라곰의 태도를 갖고 소비하면, 환경뿐 아니라 당신의 은행 잔고에도 도움이 된다. 그러나 비물질적인 방식으로도 소비사회의 압력으로부터 완전히 자유로워질 수 있다. 다소 극단적이기는 하지만 모든 소유물들을 없애고 집 밖으로 나와 모험, 자유 그리고 내적 평화를 찾아 길을 떠나는 이들도 있다. 그들은 열렬한 추종자들로 하여금 "모든 것을 팔아 버리는" 운동을 유발시키기도 했다.

이보다는 약간 덜 극단적이지만 마찬가지로 규모의 축소와 정리 정돈하는 방법을 알리는 미니멀리스트들이 있다. 이들은 위생 용품과 필요한 디지털 장비 그리고 기본 의상을 포함해 배낭에 들어갈 수 있는 "적절한" 양의 소지품 외에는 그 어느 것도 소유하지 않는다. 최근 페이스북에서 입소문을 타고 퍼졌던, 어느 미니멀리스트의 실험이 떠오른다. 그 실험은 친구에게 첫째 날에는 한 가지 물품을 없애고, 둘째 날에는 두 가지 물품을 없애는 방식으로 한 달 동안 모두 465개의 물건을 없애 버리도록 권유한 것이었다.

삶을 위한 라곰:
행복으로 가는 정직한 방법

스웨덴은 변하고 있고 라곰도 변하고 있다. 이러한 변화를
받아들이는 방법에 대해 알아보자. 아마 당신도
변해야 할 것이기 때문이다.

7

변화하는 스웨덴

– 라곰 옹호자로서의 나, 라곰 발전시키기

내가 처음 스웨덴 친구들에게 이 책을 집필하고 있다고 말했을 때, 그들 중 일부는 매우 혼란스러워하며 "네가 정말 그렇게 행복하다고?"라고 물었다. 나는 그렇다고 대답했고, 더 나아가서 우리 모두 그렇다고 대답했다. 그리고 그건 라곰식 행복을 말한 것이었다.

우리가 스웨덴 사람으로서 진정 모두 행복한지를 묻는 것이 우스운 이유는 솔직함의 차이는 다소 있을지언정 모두들 저마다 "우리 스웨덴에서는 이렇게 잘하고 있다."는 생각을 갖고 있기 때문이다. 우리가 무언가를 제대로 하고 있다는 점, 스웨덴 사회의 시스템과 가치가 훌륭하고 유익하다는 점에 대해 반박할 이는 거의 없을 것이다. 또한, 우리는 이러한 스웨덴 사회 덕분에 우리 모두가 좋은 삶을 누린다는 것에 모두 동의한다.

나는 이 책을 통해 일과 삶의 균형, 스웨덴 사람들의 음식과 운동에 대한 인식, 친환경적인 삶, 그리고 감정에 대한 라곰식 접근 방법의 사례를 살펴보았다. 여기에서 가지고 가야 할 교훈을 내게 묻는다면, 행복은 지속적인 감정이지 의기양양함과 발작적인 웃음, 더 큰 집과 부유함, 엄격한 건강 수칙처럼 극단적인 것이 아니라는 점이다. 물론 이런 것들이 반드시 나쁜 것만은 아니다. 중요한 것은 우리가 어떻게 모든 점을 연결해 하나의 큰 그림을 그려 내는지, 또 어떻게 필요악을 줄이고 의미 있는 순간들을 지속시키는지에 대한 생각이다.

"행복은
극단적인 것이 아니라
지속적인 감정이다."

선을 위한 힘으로서의 라곰

처음에는 스웨덴 사람들의 행복 수준을 의심하지 않았던 친구들조차 또 다른 우려를 하며 내게 조심스레 말했다. "정말? 네가 라곰 책을 쓴다고?" 물론, 난 두 딸의 엄마로서, 집을 새로 사서 꾸미는 와중에 풀타임으로 일하는 것도 모자라 책을 썼으니 딱히 일과 삶의 균형을 완벽히 이루어 냈다고는 할 수 없다. 하지만 어쩌겠는가? 나도 여전히 배우고 있을 뿐이다.

그러나 기억할 점은 지금의 스웨덴은 얀테의 법칙이 처음 만들어졌을 때(11쪽 참조)나, 내가 자랐던 시대와는 또 다른 스웨덴이라는 사실이다. 전 세계 곳곳에서 온 다양한 사람들로 넘쳐 나다 보니 새로운 느낌으로 가득하고, 전통적인 라곰과는 상당히 다른 온갖 종류의 문화와 풍미를 포용하고자 지속적으로 노력하는 곳이기도 하다. 따라서 오늘의 스웨덴은 외부 지향적이고 현대적이며 다국적인 국가이다. 또한 이로 인해 결과적으로 더욱 좋은 곳이 되었다.

이 책은 어느 한 문화를 설명하는 여느 책들과 마찬가지로 극단적인 일반화로 가득하다. 또한 라곰의 좋은 점만 취하였고, 숨 막히는 규범과 과감함에 대한 혐오 등 라곰을 비난의 대상으로 만들었던 점들은 배제하였다. 이 책의 목적은 라곰이 스웨덴 사람들의 삶의 방식을 어떻게 형성했고, 또 어떻게 기여했는지를 살펴봄으로써 당신에게 꼭 맞는 방식으로 고르고 섞을 수 있도록 하는 데 있다. 적어도 내가 이 책을 쓴 이유는 그렇다. 라곰에 대한 라곰식 접근 방식을 취하려는 것이다.

저지방 우유의 국가에서 비롯된 라곰 정신이 행복으로 가는 지름길이라고 전 세계에 알려지고 있는 지금, 이제 스웨덴에는 소를 신성시하는 힌두교인들과 오트밀 우유를 먹거나 혹은 우유를 전혀 먹지 않는 채식주의자들로 가득하다. 그러니 이제 라곰은 더는 일방적일 수 없으며 폭넓게 발전해야 한다. 라곰의 목적이 좀 더 의식 있는 소비자가 되기 위해 노력하고, 가족과 동료, 이웃을 돌보며, 문자 그대로든 상징적으로든 모든 종류의 감정과 경험을 담을 수 있는 공간을 창출하는 것이라면 결국 선을 위한 힘이라고 할 수 있지 않을까?

여기에서 라곰까지

– 라곰에서 배워야 할 과제와 생각

아직 영감을 얻지 못했거나 이 유치한 대화에 대해 회의적이라면, 다음의 단계를 따라 실천해서 삶에 대한 스웨덴식 라곰 접근 방식이 당신에게 적합한지 알아보자.

#1: 친구들을 피카에 초대하라(40쪽 참조).

번을 직접 구울 필요는 없지만, 소란한 바의 분위기나 소비문화의 산만함이 없는 곳에서 양초 몇 개를 켜 놓고 마주 앉아 커피를 마시면 어떤 일이 일어나는지 살펴보자.

#2: 옷장 청소를 하라(85쪽 참조).

과감해져라. 만약 당신이 어떤 옷을 1년 동안 입지 않았다면, 다음 주에는 반드시 입어 보거나, 남에게 줘 버려라. 그리고 다시 채워 넣지 말라.

#3: 10까지 세라.

다음 번에 쇼핑을 갈 때는, 좀 더 스스로 비판적으로 생각하고 10까지 세는 방법을 시도해 보라(144쪽 참조). 분명 집던 물건을 선반에 도로 내려놓고 떠나는 것을 즐기게 될 거라고 장담한다.

#4: 정리 정돈을 하라.

일을 크게 벌일 필요는 없다. 눈에 거슬렸던 전선을 고정시키거나, 아이들이 커 버려서 남에게 줘도 되는 장난감들을 솎아 내면 된다.

#5: 새로운 야외 활동을 시도해 보라.

당신이 생각할 수 있는 가장 라곰적인 야외 활동을 찾아서 시도하라(106쪽 참조). 채집을 하고(54쪽 참조), 호수에서 수영을 즐기거나 눈으로 성을 쌓아 보는 것도 좋다. 어쩌면 당신과 맞지 않는 활동일 수도 있겠지만 그래도 최소한 신선한 공기를 쐬는 기쁨을 느낄 것이다. 아울러 자연에서의 휴식 시간을 우선시하는 최상의 습관을 갖게 될지도 모른다.

#6: 이웃에게 도움을 제공하라.

아마도 이웃이 우리 집에 있는 식물에 물을 주거나 개를 산책시켜 줄 수도 있고, 아무 도움이 필요하지 않을 수도 있다. 그럴 때라면 새로 구운 번 한 접시를 선사해 보자. 아마도 사랑스러운 깜짝 선물이 될 것이다.

#7: 정시에 퇴근하라.

내일은 무슨 일이 있어도 정시에 퇴근하겠다고 결심하고 그 결심을 지켜라. 설마 그런다고 최악의 일이 일어나겠는가?

#8: 가족과 첫 프레닥스뮈스를 즐겨라(24쪽 참조).

친구나 가족을 설득해 꼼짝도 안하고 쉬는(24쪽 참조) 금요일 저녁을 즐겨 보자. 단언컨대, 이 의식에 중독될 것이다.

"주고받기"

나는 라곰을 비웃으며 스웨덴을 떠났던 한 사람으로서, 작년에
인터뷰했던 요나스 가델의 말에 매료되었다. 그는 "라곰은 스웨덴의
최대 수출품이어야 합니다. 우리가 라곰을 제대로 마케팅하지
못했기 때문에 우리의 최대 장점 또한 마케팅하지 못했지요."라고
말했다. 사랑과 외로움에 대해 장편의 글을 썼던 게이로서 스톡홀름
교회로부터 초청을 받아 설교하고, 한때 신을 "흑인 레즈비언 여성"
이라고 썼으며, 모든 것에서 주저 없이 자기 의견을 내던 사람이 라곰을
스웨덴의 가장 큰 장점으로 본다는 것이 내게는 신선한 충격이었다.

"주고받기야말로 스웨덴이 전 세계 모든 이데올로기와 종교에 내다
팔 수 있는 최대의 수출품이에요. 진실이 반드시 흑백일 필요는 없지만,
라곰으로 극단주의를 피할 수 있거든요. 보세요, 라곰의 영역은 많은
것을 수용할 수 있어요. 심지어 나 같은 괴짜조차도 들어갈 수 있지요.
하지만 저지방 우유 곧 멜란묠크(melanmjölk)의 장점은 무엇보다도
우리가 서로를 죽이지 않아도 된다는 점, 다시 말해 협상을 받아들일 수
있다는 사실입니다."

가델은 단지 힘들고 어색하다는 이유로 논쟁을 차단시켜 버리는
대신, 합의가 이루어질 때까지 계속해서 토론하는 진보적인 국가에서
사는 덕분에 자기 자신을 그대로 드러낼 수 있었고 인기도 얻었다.
내가 스웨덴에 대해 정말 사랑하는 한 가지를 꼽으라면 우리 자신을
위해서든 공동의 선을 위해서든 제대로 일하려고 하고, 노력이 필요할
때 정진하는 고집, 바로 그것이다. 그리고 물론 피카도 있다.

용어 색인

참고 자료

29쪽 스웨덴 부모들의 육아휴직 권리: www.sweden.se/society/10-things-that-make-sweden-family-friendly.

30쪽 "평등과 라곰은 어떤 관계가 있는가?" www.ted.com/talks/michael_kimmel_why_gender_equality_isgood_foreveryone_men_included/transcript?language=en

31쪽 2016년 행복지수: www.foxbusiness.com/features/2017/01/30/when-it-comes-to-employee-happiness-worklife-balance-offers-best-roi.print.html

사진 출처

Angeliqa Cramnell 68, 141, 142. **Anna Lidström/@anotherblog.se** 2, 83, 84. **Even Steven Agenturer** 91. **String® (www.string.se)** 88. **Alamy Stock Photo** Andreas von Einsiedel 75; Apeloga/Astrakan Images 95; David Schreiner/Folio Images 57; HERA FOOD 43; tf2/picturesbyrob 61; Vipula Samarakoon 66. **Getty Images** Johan Mrd/Folio 76; Johner Images 27; Jonathan Nackstrand/AFP 134; Maskot 21; Romona Robbins Photography 128. **Imagebank.sweden.se** Amanda Westerbom 80; Faramarz Gosheh 155; Fredrik Broman 15; Henrik Trygg 103; Johan Willner 111; Jonas Overödder 53; Sara Ingman 99; Susanne Walström 28; Tove Freiij 41. **istockphoto.com** Frank and Helena 152. **Shutterstock** Alliance 33; FabrikaSimf 71; Magdanatka 51; oneinchpunch 104; Pressmaster 115; Rawpixel.com 44, 156-157; Rido 124.

글 리니아 듄

리니아 듄은 스웨덴에서 태어나 자랐으며, 15세 때부터 지역 신문사에서 칼럼니스트로 활동했다. 런던에서 창작과 정치커뮤니케이션을 공부한 뒤, 모성과 여성의 권리 그리고 언론 매체에 이르는 다양한 주제의 글이 아이리쉬 타임즈, 가디언지, 아이리쉬 인디펜던트 외 다수의 신문에 실렸다. 현재는 더블린에서 살면서 스칸디나비아 문화, 혁신, 트렌드에 대한 글을 쓰고 있다.